Franziska Puchert

Integration von Flüchtlingen in den deutschen Arbeitsmarkt

Standardisierung und Weiterentwicklung des Modells der Beiersdorf AG

2016

Die vorliegende Arbeit wurde in der Zeit vom 02.11.2015 bis zum 25.01.2016 bei der Beiersdorf AG in Hamburg durchgeführt. Im Zuge der Veröffentlichung fand eine Anpassung der Inhalte statt und es wurden sensible Daten entfernt.

Zusammenfassung

Die Bachelorthesis „Standardisierung und Weiterentwicklung des Modells der Beiersdorf AG in Hamburg zur Integration von Flüchtlingen in Konzernen aus dem deutschen Arbeitsmarkt" greift das aktuelle Thema der hohen Flüchtlingswelle nach Deutschland und der damit verbunden Notwendigkeit integrativer Prozesse auf. Der Begriff der „Integration" beschreibt dabei verschiedene Ebenen der Einbindung, wobei die Bachelorthesis den Bereich der Wirtschaft fokussiert. Der Flüchtling ist eine Personengruppe die zu den Migranten gezählt wird. Von Migration spricht man, wenn Menschen ihr Heimatland verlassen und sich in einem neuen Land niederlassen. Verbindend zum Begriff Migration finden auch immer die Prozesse der Immigration und Emigration statt. Die Flüchtlinge lassen sich nach Herkunftsländern und Status differenzieren. Im Jahr 2015 waren demnach die drei größten Herkunftsländer Syrien, Albanien und Kosovo. Bei der Unterteilung nach Status gibt es staatlich anerkannte Flüchtlinge, Asylbewerber/innen, geduldete Flüchtlinge und nicht registrierte Flüchtlinge. Generell geht man davon aus, dass die vielen Flüchtlinge mehrere Chancen für Deutschland und den Arbeitsmarkt mit sich bringen. Ein Hauptproblem Deutschlands, die negative Entwicklung der Demographie, kann gedeckt werden. Auch ist es möglich den Fachkräftemangel in verschiedenen Berufsbereichen aufzuheben. Dafür müssen jedoch mehr Qualifizierungsmöglichkeiten für Flüchtlinge und weitere Lockerungen im Zugang zum Arbeitsmarkt geschaffen werden. Das Projekt „Jeder Mensch hat Potenzial", in welchem wichtige Amtsträger zusammen gearbeitet haben, zeigte auf wie viel Zeit eine Integration von Flüchtlingen auch bei intensiver Betreuung benötigt. Momentan gibt es noch einige Restriktionen für Flüchtlinge auf dem Arbeitsmarkt. Wichtig für die Einstellung eines Flüchtlings sind der Aufenthaltstitel und die Beschäftigungserlaubnis, beide einsehbar in den Aufenthaltspapieren. Erste Auflockerungen der Gesetze ermöglichten die Ausweitung der Residenzpflicht, die gezieltere Anerkennung von Qualifizierungen und der schnelle Zugang zu Beschäftigungsformen für Asylbewerber/innen und geduldete Flüchtlinge. Die Beiersdorf AG in Hamburg bietet seit dem Jahr 2015 Praktika für Flüchtlinge an. Der Flüchtling kann damit wichtige persönliche und qualifizierende Erfahrungen sammeln und erhält ein Arbeitszeugnis. Parallel haben auch andere Unternehmen in Deutschland Möglichkeiten von Beschäftigungen für Flüchtlinge geschaffen. Die Siemens AG in Erlangen bietet ein ähnliches Modell wie die Beiersdorf AG in Hamburg an. Bei beiden Modellen gibt es noch Bereiche die weiterentwickelt werden können. Zielsetzung für die Beiersdorf AG ist für das Jahr 2016 weitere Flüchtlingspraktikanten einzustellen.

Abstract

The bachelor thesis "Standardization and Further Development of the Model of the Beiersdorf AG in Hamburg for the German Labor Market Integration of Refugees in Companies" picks up the current topic of the high number of refugees arriving in Germany, along with the thus created necessity of integrative processes. The term "integration" here describes several levels of involvement, with this bachelor thesis focusing on economic aspects. Refugees are considered part of the migrant group. Migration occurs when people leave their homeland and settle down in a new country. Processes of immigration and emigration have always been associated with the term migration. Refugees can be differentiated by their countries of origin and status. In 2015, the three largest groups came from the countries of origin Syria, Albania, and Kosovo. When categorizing by status, there are officially recognized refugees, asylum-seekers, refugees whose stay is "tolerated" due to humanitarian reasons, and non-registered refugees. In general, it is assumed that the high number of refugees will yield a number of opportunities for Germany and its labor market. This can help in solving a major problem of Germany, i.e. its negative demographic development. By the same token, the need for skilled labor in several occupational areas can be filled. To that end, though, more options to qualify refugees as well as further liberalization in granting them access to the labor market have to be created. The project "Jeder Mensch hat Potenzial" ("There is potential in every human being"), on which a number of important office holders collaborated, shows how much time is needed for the integration of refugees, even under intensive supervision. At this point, there are still several restrictions in place for refugees on the labor market. Important for hiring a refugee are the residence title and the employment permit, both of which can be found in the residence papers. First steps to liberalize the laws allowed the residence obligation to be extended, a more targeted approval of qualifications, and a faster access to forms of employment for asylum-seekers and "tolerated" refugees. Beiersdorf AG in Hamburg has been offering internships for refugees since 2015, allowing these refugees to gather important personal and qualifying experience as well as receiving a job reference. In parallel to this, other companies in Germany have also created opportunities for refugees to find employment. Siemens AG in Erlangen is offering a similar model as Beiersdorf AG in Hamburg, although both models still have areas that can be developed further. Beiersdorf AG is aiming to hire more refugee interns in 2016.

Inhaltsverzeichnis

Abbildungsverzeichnis

1 Einleitung

Nicht enden wollende Flüchtlingsströme in Richtung Europa. Hunderttausende Menschen müssen aus ihren Heimatländern fliehen und kommen nach Deutschland. Kaum ein Thema wird zurzeit mehr diskutiert und bewegt das Innerste der deutschen Bürger. Viele begegnen Ihnen mit Solidarität und Hilfsbereitschaft. In einer Rede im Bundestag spricht Bundeskanzlerin Angela Merkel davon, dass die Integration „allerhöchste Priorität" hat und „wenn wir es gut machen, dann bringt es mehr Chancen als Risiken".[1]

Das Zitat verdeutlicht: Deutschland steht vor einer großen Herausforderung die es zu meistern gilt. Neben der sozialen und kulturellen Einbindung in unsere Gesellschaft, steht auch die wirtschaftliche Aufnahme in den deutschen Arbeitsmarkt im Fokus. Die vorliegende Bachelorthesis greift anhand des Modells der Beiersdorf AG diese Thematik auf und zeigt wie eine erfolgreiche Integration stattfindet und zukunftsmäßig ausgeweitet werden kann.

Der folgende Abschnitt beschäftigt sich mit der Problemstellung der Unternehmen und der Beiersdorf AG in Hamburg. Darüber hinaus wird die Zielsetzung der Bachelorthesis formuliert. Im letzten Abschnitt findet eine Skizzierung des Aufbaus der Arbeit statt.

1.1 Problemstellung

Unternehmen möchten Flüchtlinge mit entsprechend passenden Qualifikationen einstellen. Doch vielerlei Ursachen wie etwa die vorherrschende intransparente Bürokratie und Unsicherheiten hindern Unternehmen derzeit diesen Weg einschlagen zu können. Wiederum anderen Unternehmen, wie beispielsweise die Beiersdorf AG in Hamburg, konnten erste Möglichkeiten in Form von Praktika für Flüchtlinge schaffen und stehen vor der Schwierigkeit, wie man dieses Modell weiterentwickeln kann.

1.2 Ziel der Arbeit

Das Ziel dieser Bachelorthesis ist die Erarbeitung einer Standardisierung des Modells der Beiersdorf AG, um anderen Konzernen in Deutschland einen sogenannten möglichen Fahrplan zu errichten, welcher die Integration von Flüchtlingen im eigenen Unternehmen erleichtert. Des Weiteren steht im Fokus welche zukünftigen Voraussetzungen erfüllt sein müssen langfristige Modelle zu schaffen, um

---

[1] Vgl. Die Welt [2015], o.S.

qualifizierte Flüchtlinge im Unternehmen und damit im deutschen Arbeitsmarkt halten zu können.

1.3 Aufbau der Arbeit

Die vorliegende Bachelorthesis „Standardisierung und Weiterentwicklung des Modells der Beiersdorf AG in Hamburg zur Integration von Flüchtlingen in Konzernen aus dem deutschen Arbeitsmarkt" ist in insgesamt neun Kapitel gegliedert. Dabei stellt der erste Teil (Kapitel 1 bis 4) den theoretischen Rahmen dar. Der zweite Part (Kapitel 5 bis 9) repräsentiert die praktischen Sachverhalte anhand des konkreten Beispiels der Beiersdorf AG.

Das erste Kapitel schafft eine Grundlage zur Heranführung an das Thema der Bachelorthesis. Dabei werden die Problemstellung, das Ziel und der Aufbau der Arbeit thematisiert. Im anschließenden Kapitel geht es um die Grundlagen in der Flüchtlingsthematik. Hierbei werden wichtige Begrifflichkeiten und mögliche Differenzierungen der Flüchtlinge betrachtet. Daran anknüpfend folgt Kapitel drei, welches sich mit der kritischen Analyse des Arbeitsmarktes in Deutschland beschäftigt. So geht darum aufzuzeigen wie der Flüchtlingsstrom als Chance für den Arbeitsmarkt, aber auch einer Entgegenwirkung der demographischen Entwicklung dienen kann. Das Kapitel vier erläutert, wer überhaupt Zugang zum Arbeitsmarkt hat. Dabei werden wichtige Aspekte wie die rechtlichen Rahmenbedingungen und Gesetzesvorgaben speziell für Flüchtlinge beleuchtet.

Im Anschluss daran wird im fünften Kapitel die Beiersdorf AG, welche den kooperativen Partner dieser Bachelorthesis darstellt, näher als Unternehmen vorgestellt. Das sechste Kapitel zeigt die Facetten des entwickelten Modells in der Beiersdorf AG. Hierbei werden sowohl der Weg von der Suche bis zur Einstellung der Flüchtlings mit allen Zwischenschritten erläutert, als auch das Praktika mit seinen Inhalten, Ablauf und Zielsetzungen.

Im siebten Kapitel folgt ein Benchmarking mit der Siemens AG in Erlangen. Auch hier gibt es ein Modell für die Integration von Flüchtlingen. Das Kapitel analysiert die ausgewählten Determinanten und soll eventuelle Potenziale für die Beiersdorf AG hervorbringen.

Danach setzt sich das Kapitel 8 mit allgemeinen Lösungsvorschlägen auseinander. Schlussendlich folgt das Kapitel 9, welches ein Fazit und einen Ausblick für die Zukunft geben soll. Des Weiteren wird hier eine Checkliste für andere Unternehmen entstehen.

2 Grundlagen der Flüchtlingsthematik

Im nachfolgenden Kapitel geht es um die Vermittlung eines Basiswissens mit den wichtigsten Fakten zu den Flüchtlingen. Dabei werden im ersten Unterkapitel grundlegende Begrifflichkeiten definiert. Im Anschluss an die Klärung der Begriffe folgt dann eine Differenzierung der Flüchtlinge.

1.1 Begrifflichkeiten

Zu aller erst findet im Unterkapitel „Begrifflichkeiten" eine Definition des Begriffes „Flüchtling" statt. Häufig werden in der Öffentlichkeit Begriffe wie „Migrant", „Immigrant" und „Emigrant" als Synonym verwendet. Da dies keine korrekte Darstellung ist, wird es im folgenden Unterkapitel zu einer Abgrenzung kommen. Ebenfalls findet sich eine umfassende Erklärung zum Begriff „Integration".

1.1.1 Flüchtling

Der Begriff „Flüchtling" beschreibt einen Menschen , der aufgrund einer begründeten Furcht vor Verfolgung der Rasse, der Religion, der Nationalität, der Zugehörigkeit zu bestimmten sozialen Gruppen oder wegen der politischen Überzeugung aus dem eigenen Heimatland fliehen musste. [2]

Die Person besitzt hierbei die Staatsangehörigkeit des Heimatlandes und musste wegen dem Tatbestand, dass der persönliche Schutz nicht mehr vom Land gewährleistet werden kann, dieses fluchtartig verlassen. Auch Menschen mit mehreren Staatsangehörigkeiten sind hier hinzuzuzählen. [3]

Die Eingruppierung als „Flüchtling" muss nicht zwingend einen dauerhaften Zustand beschreiben. Durch bestimmte Gegebenheiten verändert sich der Status der Person. Dazu gehören folgende Fälle:

---

[2] Vgl. Genfer Flüchtlingskonvention [1951], S. 2.
[3] Vgl. Genfer Flüchtlingskonvention [1951], S. 2.

- Der Flüchtling sucht freiwillig wieder den Schutz des Heimatlandes auf.
- Der Flüchtling erlangt nach Verlust der Staatsangehörigkeit des Heimatlandes diese freiwillig wieder.
- Der Flüchtling kehrt freiwillig in das Heimatland zurück und lässt sich dort nieder.
- Der Flüchtling erhält eine neue Staatsangehörigkeit des Fluchtlandes und steht nun unter dem Schutz des Landes. [4]

2.1.1 Abgrenzung zu Migrant, Immigrant & Emigrant

Allgemein lässt sich aussagen, dass ein Flüchtling auch als Migrant, Immigrant oder Emigrant bezeichnet werden kann. Jedoch sind diese Gruppierungen umfassender aufgestellt und beschreiben einen weitläufigeren Personenkreis. Der Flüchtling selber ist in diesem Fall also nur eine Personengruppe die dort eingeordnet ist. Es können auch Menschen ohne, dass sie ein Land aufgrund der politischen Lage unfreiwillig verlassen müssen in diese Gruppierungen eingeteilt werden. Dies ist beispielsweise der Fall, wenn eine Person auswandert weil sie in einem anderen Land arbeiten möchte und sich aufgrund dessen auch dort niederlässt.

Der Begriff der „Migration" beschreibt alle Ausländer und eingebürgerte ehemalige Ausländer, zugewanderte Deutsche in die Bundesrepublik Deutschland nach 1949, sowie in Deutschland Geborene mit zumindest einem zugewanderten oder als Ausländer in Deutschland geborenen Elternteils. [5]

---

[4] Vgl. Genfer Flüchtlingskonvention [1951], S. 3.
[5] Vgl. Statistisches Bundesamt [2014], S. 5.

Bevölkerung insgesamt
1 Deutsche ohne Migrationshintergrund
2 Personen mit Migrationshintergrund im weiteren Sinn insgesamt
   2.1 darunter: Migrationshintergrund nicht durchgehend bestimmbar
   2.2 Personen mit Migrationshintergrund im engeren Sinn insgesamt
       nach Staatsangehörigkeit einschließlich ‚ohne Angabe', nach Alter oder Aufenthaltsdauer
       2.2.1 Personen mit eigener Migrationserfahrung (Zugewanderte) insgesamt
             nach Staatsangehörigkeit einschließlich ‚ohne Angabe', nach Alter oder Aufenthaltsdauer
             2.2.1.1 Ausländer
                     nach Staatsangehörigkeit, nach Alter oder Aufenthaltsdauer
             2.2.1.2 Deutsche
                     nach Staatsangehörigkeit einschließlich ‚ohne Angabe', nach Alter oder Aufenthaltsdauer
                     2.2.1.2.1 (Spät-)Aussiedler
                               nach Alter oder Aufenthaltsdauer
                     2.2.1.2.2 Eingebürgerte
                               nach Staatsangehörigkeit, nach Alter oder Aufenthaltsdauer
       2.2.2 Personen ohne eigene Migrationserfahrung (nicht Zugewanderte) insgesamt
             nach Staatsangehörigkeit einschließlich ‚ohne Angabe', nach Alter oder Aufenthaltsdauer
             2.2.2.1 Ausländer (2. und 3. Generation)
                     nach Staatsangehörigkeit, nach Alter oder Aufenthaltsdauer
             2.2.2.2 Deutsche
                     nach Staatsangehörigkeit einschließlich ‚ohne Angabe', nach Alter oder Aufenthaltsdauer
                     2.2.2.2.1 Eingebürgerte
                               nach Staatsangehörigkeit, nach Alter oder Aufenthaltsdauer
                     2.2.2.2.2 Deutsche mit mindestens einem zugewanderten oder als Ausländer in Deutschland geborenen Elternteil
                               2.2.2.2.2.1 mit beidseitigem Migrationshintergrund
                               2.2.2.2.2.2 mit einseitigem Migrationshintergrund

Abb. 1: Übersicht der Ausprägungen des Migrationsstatus

(Quelle: Statistisches Bundesamt [2014], S. 6)

Die Abbildung schildert die Aufteilung der Bürger in Deutschland in die Gruppen „Deutsche ohne Migrationshintergrund" und „Personen mit Migrationshintergrund im weiteren Sinn insgesamt". Betrachtet man die entscheidende zweite Gruppe, fällt auf wie tiefgreifend eine Differenzierung getroffen werden muss und wie weit der Personenkreis der Menschen mit Migrationshintergrund aufgestellt ist.

Weiterhin ist die Migration als Oberbegriff, als allgemeine Kategorie, die den Wechsel des Lebensmittelpunktes von Personen über internationale Grenzen hinweg bezeichnet. In diesem Zusammenhang muss ebenfalls die Immigration und Emigration betrachtet werden. Das bedeutet wenn Migration stattfindet, sind auch immer diese beiden Komponenten ein Teil davon. [6]

Fokussiert man beispielweise einen syrischen Flüchtling aus Sicht von Deutschland, ist er hier ein Immigrant, also ein sogenannter Einwanderer in das Land. Schaut man auf das Heimatland Syrien, wird der Flüchtling dort als Emigrant oder

---

[6] Vgl. Heckmann, F. [2015], S. 23.

zu Deutsch als Auswanderer eingeordnet. Dieses Beispiel lässt sich auf alle Menschen, die ein- und auswandern übertragen, ohne dass man dabei zwingend zum Personenkreis der Flüchtlinge zählt.

2.1.2 Integration

Der Begriff der „Integration" boomt seit einigen Jahren. In Deutschland hatte das zur Folge, dass sich die Integration zum Schlagwort entwickelt hat und fast reflexartig im Zusammenhang fällt, wenn von einer nicht-deutschen Bevölkerung gesprochen wird. [7]

Die Bezeichnung „Integration" stammt vom lateinischen Wort „Integratio" und bedeutet übersetzt etwas wieder ganz machen, ergänzen, erneuern, vervollständigen, in ein größeres Ganzes eingliedern. [8]

Dabei stellt sich die Frage, wer denn eigentlich integriert werden muss. Allgemein lässt sich aussagen, dass bei jedem Mensch Integration gefordert ist. Es gibt jedoch bestimmte Gruppierungen, bei welchem die Integration mit mehr Bemühungen einhergeht. Hierzu zählen folgende Personenkreise:

- Menschen mit Behinderungen
- Menschen mit psychischen Problemen
- Menschen die eine bestimmte Zeit im Gefängnis verbracht haben
- Arbeitslose
- Migranten, wozu auch Flüchtlinge gehören[9]

Viele Menschen verstehen die Integration als Appell zur „Eingliederung in die Gesellschaft" und die Partizipation an der „Leitkultur" des Aufnahmestaates. [10]

Die zuvor erwähnten Gruppierungen haben das Recht und gleichzeitig die Forderung nach Integration. Nur wer seinem Recht selber nachkommt, kann vollständig in die Gesellschaft integriert werden. [11]

Doch wann kann man in Deutschland von einer vollständigen Integration sprechen. Der Grad der Integration lässt sich an folgenden Determinanten messen:

---

[7] Vgl. Sauer, K. / Held, J. [2009], S. 23.
[8] Vgl. Informations- und Dokumentationszentrum für Antirassismusarbeit e.V. [2002], S. 2.
[9] Vgl. Informations- und Dokumentationszentrum für Antirassismusarbeit e.V. [2002], S. 3.
[10] Vgl. Santel, B. [2007], S. 20.
[11] Vgl. Informations- und Dokumentationszentrum für Antirassismusarbeit e.V. [2002], S. 4.

- Deutsche Sprachkenntnisse
- Mobilität
- Berufstätigkeit
- Soziale Aktivität
- Beachtung der geltenden Gesetze[12]

Die Integration sollte nie einseitig betrieben werden. Jeder kann eine erfolgreiche Integration unterstützen. Es gibt unterschiedliche Integrationsfördermöglichkeiten wie beispielsweise Sprachkurse, Beratungsangebote zur Orientierung oder Kurse mit gesellschaftlichen Inhalten. [13]

2.2 Differenzierung

Im folgenden Abschnitt findet eine mögliche Einteilung der Flüchtlinge statt. Dabei beschreibt das erste Unterkapitel eine Differenzierung nach den Herkunftsländern. Im zweiten Unterkapitel findet eine Unterscheidung der Flüchtlinge nach dem jeweiligen Status statt.

2.2.1 Nach Herkunftsland

Im Jahr 2015 wurden vom 01.01. bis zum 30.11. insgesamt 392.028 Erstanträge für ein Asyl eingereicht. [14] Die Summe zeigt auf, dass eine hohe Anzahl von Menschen nach Deutschland gekommen ist. Dabei haben viele die Hoffnung einen positiven Asylbescheid zu erlangen und damit dauerhaft in Deutschland leben zu dürfen.

Doch aus welchen Herkunftsländern kommen eigentlich diese ganzen Menschen. Die folgende Abbildung zeigt schematisch auf, welche Herkunftsländer im Zeitraum vom 01.01. bis zum 30.11.2015 betroffen und wie diese prozentual aufgestellt sind.

---

[12] Vgl. Informations- und Dokumentationszentrum für Antirassismusarbeit e.V. [2002], S. 3.
[13] Vgl. Informations- und Dokumentationszentrum für Antirassismusarbeit e.V. [2002], S. 6.
[14] Vgl. Bundesamt für Migration und Flüchtlinge [2015], S. 8.

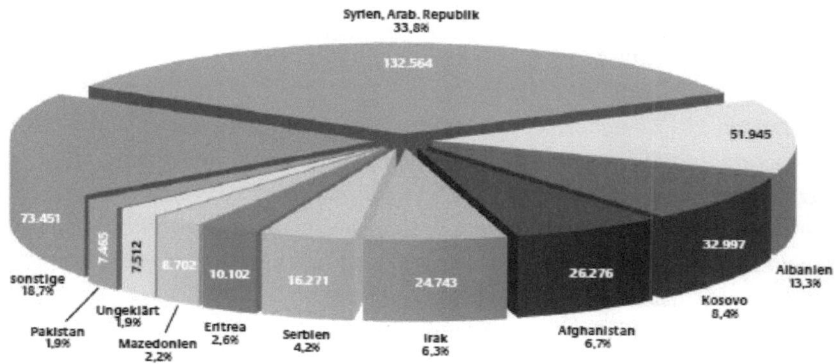

Abb. 2: Hauptherkunftsländer im November 2015

(Quelle: Bundesamt für Migration und Flüchtlinge [2015], S. 8)

Die drei stärksten Herkunftsländer sind demnach Syrien (33,8%), Albanien (13,3%) und Kosovo (8,4%). Dabei werden die sonstigen Herkunftsländer (18,7%) nicht betrachtet, da dies ein Sammelsurium mehrerer Länder darstellt.

Vergleicht man diese Abbildung mit der monatlichen Auswertung November 2015 fällt auf, dass es zu Verschiebungen der Herkunftsländer gekommen ist.

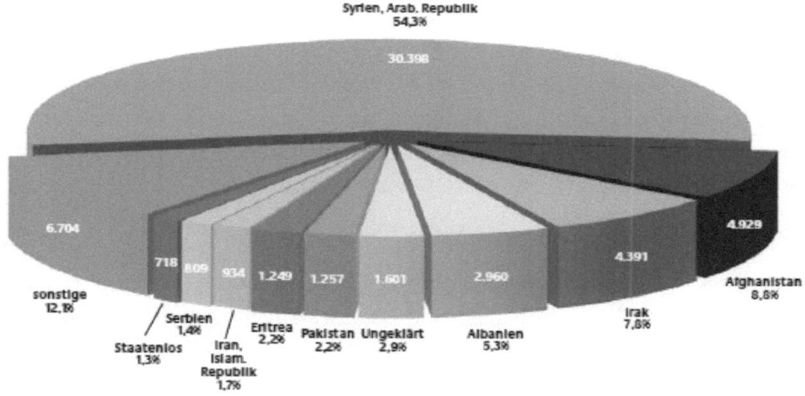

Abb. 3: Hauptherkunftsländer von Januar bis November 2015

(Quelle: Bundesamt für Migration und Flüchtlinge [2015], S. 8)

Im November 2015 sind die drei stärksten Herkunftsländer Syrien (54,3%), Afghanistan (8,8,%) und Irak (7,8%). Die Verschiebung der Herkunftsländer begründet sich aufgrund der Wahrscheinlichkeit eines positiven Asylbescheids.

Im Oktober 2015 verabschiedete die Bundesregierung in Deutschland ein neues Asylgesetz. In Folge dessen sind Albanien, Kosovo und Montenegro als sichere Herkunftsländer eingeordnet worden. Diese Erneuerung des Asylgesetzes ermöglicht einerseits der Bundesregierung in Deutschland ein beschleunigtes Abschiebungsverfahren für Flüchtlinge aus diesen Herkunftsländern und zeigt anderseits auf, dass die Chance eines positiven Asylbescheids für diese Menschen nahe Null liegt. Daher ist die Anzahl der Flüchtlinge aus diesen Herkunftsländern rapide gesunken. [15]

Der positive Asylbescheid ist ein wichtiger Baustein für die Integration in den Arbeitsmarkt. Den Unternehmen gibt es die Sicherheit, dass der Flüchtling längerfristig in Deutschland leben darf und nicht unvorhersehbar ausgewiesen wird.

Syrien hat die höchste Schutzquote mit nahezu 100 Prozent. Daran schließt der Irak mit einer Anerkennungsquote von 89 Prozent an. Als drittes Herkunftsland folgt Afghanistan. Hier erhalten immerhin rund 68 Prozent, also mehr als zwei Drittel der afghanischen Asylsuchenden Schutz. [16]

2.2.2 Nach Status

Der folgende Abschnitt befasst sich mit der Unterscheidung der Flüchtlinge, je nach deren gesetzlich zugeordnetem Status in Deutschland. Für den Arbeitsmarkt sind drei Gruppen, konkret sind dies die staatlich anerkannten Flüchtlinge, die Asylbewerber/innen und die Geduldeten, von Interesse. Des Weiteren gibt es nicht registrierte Flüchtlinge, welche ebenfalls von Bedeutung sind, da hier nicht klar ist welche Qualifikationen diese Menschen mitbringen.

2.2.2.1 Staatlich anerkannte Flüchtlinge

Die staatlich anerkannten Flüchtlinge sind in die zwei Gruppierungen der „individuell anerkannten Flüchtlingen" und der „staatlichen aufgenommen Flüchtlinge" unterteilt.

Den „individuell anerkannten Flüchtlinge" wurde durch ein Verfahren die Position des Flüchtlings zugesprochen. Diese Menschen bekommen in der Bundesrepublik Deutschland eine Aufenthaltsberechtigung, welche die sicherste Variante

---

[15] Vgl. Bundesgesetzblatt [2015], S. 4
[16] Vgl. Pro Asyl [2015], o.S.

darstellt. Die „individuell anerkannten Flüchtlinge" sind in Asylberechtigte und Konventionsflüchtlinge aufgeteilt. [17]

Ein Asylberechtigter ist ein Flüchtling, welcher einen Asylantrag in der Bundesrepublik Deutschland eingereicht hat. Dieser Antrag wurde durch das Bundesamt für die Anerkennung ausländischer Flüchtlinge positiv entschieden. [18]

Die Konventionsflüchtlinge sind Flüchtlinge im Sinne der Genfer Konvention von 1951. Der Unterschied zu den Asylberechtigten liegt darin, dass die Antragsstellung des Asyls schon vom Ausland aus gestellt wurde. Auch diese Menschen erhalten Schutzrechte geltend nach der Genfer Flüchtlingskonvention. [19]

Bei den „staatlich aufgenommen Flüchtlingen" handelt es sich um Personen, welche aufgrund eines staatlichen Interesses aus humanitären, politischen oder völkerrechtlichen Gründen nach Deutschland einreisen. Diese Flüchtlinge müssen kein Anerkennungsverfahren wie die „individuell anerkannten Flüchtlinge" durchlaufen. Ihnen wird dieser Status automatisch zugesprochen. Man unterscheidet zwischen den Kriegs- und Bürgerkriegsflüchtlingen und den Kontigentflüchtlingen. [20]

Die Kriegs- und Bürgerkriegsflüchtlinge stammen überwiegend aus dem Kosovo und Albanien. Diese Flüchtlinge dürfen keinen Asylantrag stellen und erhalten lediglich eine Aufenthaltsbefugnis, welche befristet ist. [21]

Weiterhin sind unter den Kontigentflüchtlingen größtenteils Personen beschrieben, die als jüdische Auswanderer aus der ehemaligen UdSSR nach Deutschland gekommen sind. Dieser Personenkreis erhält ein unbefristetes Aufenthaltsrecht in der Bundesrepublik Deutschland. [22]

2.2.2.2 Asylbewerber/innen

Unter einem Asylbewerber/in versteht man einen Menschen, der sich in einem laufenden Asylverfahren befindet. [23]

Im „Anhang 1" ist ein vereinfachtes Schema des Asylverfahrens dargestellt.

---

[17] Vgl. Ausländer - Statistik [2008], o.S.
[18] Vgl. Pro Asyl [2015], o.S.
[19] Vgl. Ausländer - Statistik [2008], o.S.
[20] Vgl. Ausländer - Statistik [2008], o.S.
[21] Vgl. Ausländer - Statistik [2008], o.S.
[22] Vgl. Ausländer - Statistik [2008], o.S.
[23] Vgl. Pro Asyl [2015], o.S.

Der Flüchtling kommt zunächst über eine der Grenzen nach Deutschland. In der nachfolgenden Zeit äußert er mündlich gegenüber einem gesetzlichen Vertreter, zum Beispiel der Grenzbehörde, der Ausländerbehörde oder der Sicherheitsbehörde, ein Asylgesuch.

Mithilfe des EASY Programmes (Erstverteilung der Asylbegehrenden) werden die Flüchtlinge in unterschiedliche Bundesländer verteilt. Nach eventuell weiterem Transport wird der Flüchtling in eine ihm zugewiesene Aufnahmeeinrichtung geschickt.

Jetzt hat der Flüchtling die Möglichkeit einen Asylantrag bei dem Bundesministerium für Migration und Flüchtlinge einzureichen. Daran anknüpfend werden durch das Bundesministerium mehrere Verfahren veranlasst. Die bekannteste Prüfung ist hierbei das sogenannte Dublin-Verfahren. Dieses prüft ob der Asylantrag im zuständigen Land beantragt und noch in keinem anderen Mitgliedstaat eingereicht wurde. Damit werden Dopplungen vermieden. [24]

Schlussendlich kommt es zu einer Anhörung des Flüchtlings, in welchem das jeweilige Einzelschicksal erläutert wird. Dieses ist von Bedeutung für den endgültigen Bescheid des Asylantrages.

Der positive Asylantrag, dass bedeutet der jeweiligen Person wird die Flüchtlingseigenschafft anerkannt, bietet umfassende Integrationsmöglichkeiten. Die Person erhält eine Aufenthaltserlaubnis von drei Jahren in Deutschland. Zusätzlich gibt es die Entscheidung des subsidiären Schutzes und des Abschiebungsverbotes. Beide Varianten fallen nicht unter die Genfer Flüchtlingskonvention und stellen Extraregelungen dar, die mit befristeten Aufenthaltsbefugnissen verbunden sind. [25]

Dabei wird der subsidiäre Schutz an Menschen vergeben, welche nachweisen können, dass ihnen in ihrem Heimatland ernsthafter Schaden droht. Der ernsthafte Schaden kann durch mehrere Begebenheiten wie etwa eine drohende Todesstrafe, Folter oder eine individuelle Bedrohung des Lebens des Menschen gekennzeichnet sein. Die jeweilige Person erhält ein einjähriges Aufenthaltsrecht in Deutschland. Das Aufenthaltsrecht kann verlängert werden. [26]

---

[24] Vgl. Bundesamt für Migration und Flüchtlinge [2015], o.S.
[25] Vgl. Ausländer - Statistik [2008], o.S.
[26] Vgl. Bundesamt für Migration und Flüchtlinge [2015], o.S.

Ein Abschiebungsverbot kommt nur in Betracht, wenn alle anderen Schutznormen nicht anwendbar sind. Es bezieht sich auf Personen, die entweder einer erheblichen individuellen Gefahr im Heimatland ausgesetzt sind oder unter einer schwerwiegenden Erkrankung leiden, welche sich durch eine Ausreise deutlich verschlimmern würde. Hiermit verknüpft wird eine mindestens einjährige Aufenthaltsbefugnis in Deutschland. [27]

Der Bescheid des Asylantrages ist in jedem Fall verbindlich. Kommt es zu einem negativen Asylbescheid, da keine der vorher genannten Aspekte zutreffen, wird eine Ausreisepflicht der Person veranlasst.

2.2.2.3 Geduldete Flüchtlinge

Geduldete Menschen unterliegen in Deutschland generell der Ausreisepflicht. Dieser Tatbestand kann wie im vorherigen Kapitel beschrieben, nach einem negativen Asylbescheid der Fall sein. Es gibt aber auch die Möglichkeit, dass Flüchtlinge gar keinen Asylantrag stellen und damit ausreisepflichtig sind. Als letzteres gibt es Flüchtlinge die sich in Deutschland ohne oder mit einem abgelaufenen Visum aufhalten. Diese Personengruppen sind ebenfalls von der Ausreisepflicht betroffen. Der Unterschied zu den Asylbewerbern und -berechtigten liegt darin, dass mit der Ausreisepflicht jeglicher Anspruch auf ein Aufenthaltsrecht erlischt. [28]

Kommt es nun zu einer Ursache, die eine sofortige Abschiebung der Person nicht möglich macht, wird diese zu einem Geduldeten. Eine Duldung wird immer nur für einen kurzen Zeitraum von einigen Wochen bis zu einem halben Jahr gewährt. Dabei kann die Duldung immer wieder verlängert werden, sodass nicht selten einige Geduldete sehr viele Jahre in Deutschland leben. [29]

Durch das beschlossene Gesetz „Bleiberecht und Aufenthaltsbeendigung" des Bundestages haben Langzeit Geduldete, die seit acht Jahren in Deutschland leben und sich integriert haben, die Möglichkeit auf eine Aufenthaltserlaubnis. Für Familien mit Kindern gilt dies schon ab dem sechsten Jahr Aufenthalt. Weiterhin gilt für Jugendliche und Heranwachsende die einen Schul- oder Berufsabschluss erworben haben das Gesetz ab vier Jahren Aufenthalt in Deutschland. Hier können auch Familienangehörige vom Bleiberecht profitieren. [30]

---

[27] Vgl. Bundesamt für Migration und Flüchtlinge [2015], o.S.
[28] Vgl. Flüchtlingsrat Niedersachsen [2015], o.S.
[29] Vgl. Flüchtlingsrat Niedersachsen [2015], o.S.
[30] Vgl. Die Bundesregierung [2015], o.S.

Die geduldeten Menschen können in die zwei Gruppierungen der rechtlichen und tatsächlichen Duldungen untergliedert werden. [31]

Demnach ergeben sich die rechtlichen Abschiebungshindernisse aus den Gesetzesverankerungen. So legt das Grundgesetz unter Anderem fest, dass jeder Mensch ein Recht auf körperliche Unversehrtheit hat. Andere Abschiebungsgründe sind beispielsweise der Schutz von Familie und Ehe. [32]

Zu den tatsächlichen Duldungen zählen Reiseunfähigkeit, Krankheitsfälle, Verlust von wichtigen Pässen, kein Zugang zu den Verkehrswegen oder die Ablehnung der Aufnahme der Person durch das Herkunftsland. [33]

Ein weiterer Duldungsgrund ist die Ermessensduldung. Diese kann vorübergehend aufgrund von humanitären und persönlichen Gründen erteilt werden. Passende Beispiele sind hier die Durchführung einer Operation, die Beendigung einer Therapie oder ein bevorstehender Schulabschluss. [34]

2.2.2.4 Nicht registrierte Flüchtlinge

Laut der Bundesagentur für Migration und Flüchtlinge schätzt man die Anzahl nicht registrierter Flüchtlinge in einer Höhe von rund 290.000 (Stand Oktober 2015). [35]

Die nicht registrierten Flüchtlinge verlassen die Busse, Züge und Ihnen zugewiesene Unterkünfte. Einige von Ihnen haben im Vorfeld eine Erstregistrierung durchlaufen, andere wurden überhaupt gar nicht registriert. Da nur etwa zehn Prozent der ankommenden Flüchtlinge per Fingerdruck registriert werden, lassen sich auch diejenigen mit einer Erstregistrierung schwierig nachverfolgen, nachdem sie untergetaucht sind. [36]

Für das Verschwinden der Flüchtlinge gibt es unterschiedliche Beweggründe. Einige der Flüchtlinge haben nur eine sehr geringe Chance auf einen positiven Asylbescheid. Die Angst vor der Abschiebung verleitet diese Menschen zum Untertauchen. Häufig versuchen die Flüchtlinge illegal zu arbeiten und damit den eigenen Lebensunterhalt zu verdienen. [37]

---

[31] Vgl. Flüchtlingsrat Niedersachsen [2015], o.S.
[32] Vgl. Flüchtlingsrat Niedersachsen [2015], o.S.
[33] Vgl. Flüchtlingsrat Niedersachsen [2015], o.S.
[34] Vgl. Flüchtlingsrat Niedersachsen [2015], o.S.
[35] Vgl. Monath, S. [2015], o.S.
[36] Vgl. Jedicke, H. [2015], o.S.
[37] Vgl. Jedicke, H. [2015], o.S.

Eine weitere Ursache ist, dass die Flüchtlinge Bekannte und Verwandte in Deutschland haben und bei diesen unterkommen wollen. Diese Menschen haben meist eine höhere Chance auf einen positiven Asylbescheid und bessere Integrationsmöglichkeiten. [38]

Egal aus welchen Gründen sich die Flüchtlinge einer Registrierung entziehen, es ist dringend notwendig die Anzahl zu minimieren. Nur mit einer Registrierung kann eine Integration in die Wege geleitet werden.

---

[38] Vgl. Jedicke, H. [2015], o.S.

3 Integration als Chance für Deutschland und den Arbeitsmarkt

Mit einer durchschnittlichen Nettowanderung von rund 210.000 Menschen jährlich gilt Deutschland als ein Einwanderungsland. Jüngste Entwicklungen zeigen auf, dass die Wirtschaft die Zuwanderung nutzt um Arbeitskräfteengpässe zu vermeiden und Wachstumschancen zu nutzen. Der Arbeitsmarkt hat sich durch die Wirtschaftskrisen in den EU-Ländern, die Öffnung weiterer Grenzen zu mittel- und osteuropäischen Beitrittsländern, sowie die günstige Beschäftigungsentwicklung stetig transformiert und angepasst. [39]

3.1 Arbeitsmarktsituation

Im Jahr 2015 ist die deutsche Wirtschaft weiterhin auf einem wachsenden Kurs. Das reale Bruttoinlandsprodukt ist nach aktuellen Schätzungen um rund 1,7 Prozent gestiegen (Vorjahr 1,6 Prozent). Hintergrund ist eine anhaltend hohe Anzahl in der privaten und staatlichen Binnennachfrage. [40]

Der Arbeitsmarkt hat das Wirtschaftswachstum positiv vorangetrieben. Es kam zu einem Anstieg der Erwerbstätigkeit, welche die sozialversicherungspflichtige Beschäftigung getragen hat. Auf der anderen Seite haben sich die Arbeitslosigkeit und die Unterbeschäftigung verringert. [41]

Dämpfend auf den Arbeitsmarkt wirken sich die weltweiten Konflikte in der Ukraine und dem Nahen Osten aus. Auch die schleppende Entwicklung der Eurozone ist ein negativ wirkender Faktor. [42]

Nach wie vor konnte Deutschland sich weltweit als einer der stärksten Exporteure auszeichnen. Da zeitgleich aber auch die Importe auf einem hohen Level gestiegen sind, wird der Außenbeitrag das Wachstum nur wenig fördern. [43]

In den Investitionen ist ebenfalls eine Erhöhung zu erkennen. Die Investitionsschwäche der Deutschen konnte aber trotz sehr günstiger Finanzierungsbedingungen nicht überwunden werden. [44]

Bei näherer Betrachtung der Erwerbstätigkeit stieg diese um 0,8 Prozent auf insgesamt 43,03 Millionen Beschäftigte. Dies ist die höchste Erwerbstätigkeit seit

---

[39] Vgl. Vogler-Ludwig, K. / Düll, N. / Kriechel, B. [2015], S. 17-18.
[40] Vgl. Bundesagentur für Arbeit [2015], S. 8.
[41] Vgl. Bundesagentur für Arbeit [2015], S. 8.
[42] Vgl. Bundesagentur für Arbeit [2015], S. 43.
[43] Vgl. Bundesagentur für Arbeit [2015], S. 43.
[44] Vgl. Bundesagentur für Arbeit [2015], S. 43.

der Wiedervereinigung Deutschlands. Neben der Konjunktur sind auch der sektorale Wandel und die höhere Bedeutung der Zuwanderung Gründe für den Aufwärtstrend. Die Zahl der sozialversicherungspflichtigen Ausländer ist um 10,4% auf 2,83 Millionen Menschen gestiegen. [45]

Die jährliche Arbeitslosenquote lag 2015 bei 6,4 Prozent. Im Vorjahr befand sich die Arbeitslosenquote 0,3 Prozent über diesem Wert. Dabei ist in Ostdeutschland die Quote immer noch deutlich höher als in Westdeutschland. [46]

Durch die Auswirkungen der Migration und insbesondere des Flüchtlingsstroms kommt es zu einem Angebots- und Integrationseffekt. Die steigende Anzahl von Einwanderern führt zu einem höheren Arbeitskräfteangebot. Dies kann zur Folge haben das die Beschäftigung steigt, gleichzeitig ist aber auch eine höhere Arbeitslosigkeit denkbar. Weiterhin ist die Höhe der Arbeitslosigkeit davon abhängig, wie schnell zugewanderte Menschen einen Arbeitsplatz finden und wie hoch das Arbeitslosigkeitsrisiko ist. Der Angebotseffekt beschreibt dieses Geschehen, bei welchem Fluktuation einen nicht beeinflussbaren Sachverhalt darstellt. [47]

Vor allem muss berücksichtigt werden, dass Zuwanderungsgruppen unterschiedliche Zeit benötigen um in den Arbeitsmarkt integriert zu werden. Erfahrungsgemäß benötigen Flüchtlinge aufgrund von Sprachbarrieren und fehlenden formalen Qualifikationen meist mehrere Jahre. [48]

Aus der unten stehenden Grafik lässt sich erkennen, dass im Oktober 2015 rund 506.000 Flüchtlinge beschäftigt gewesen sind. Dies ist eine Steigerung von 9,1 Prozent zum Vorjahr. In Bezug auf die Anzahl der Gesamtbeschäftigten haben die Flüchtlinge einen Anteil von 1,4 Prozent. [49]

---

[45] Vgl. Bundesagentur für Arbeit [2015], S. 44.
[46] Vgl. Bundesagentur für Arbeit [2015], S. 54.
[47] Vgl. Bundesagentur für Arbeit [2015], S. 3.
[48] Vgl. Bundesagentur für Arbeit [2015], S. 3.
[49] Vgl. Bundesagentur für Arbeit [2015], S. 8.

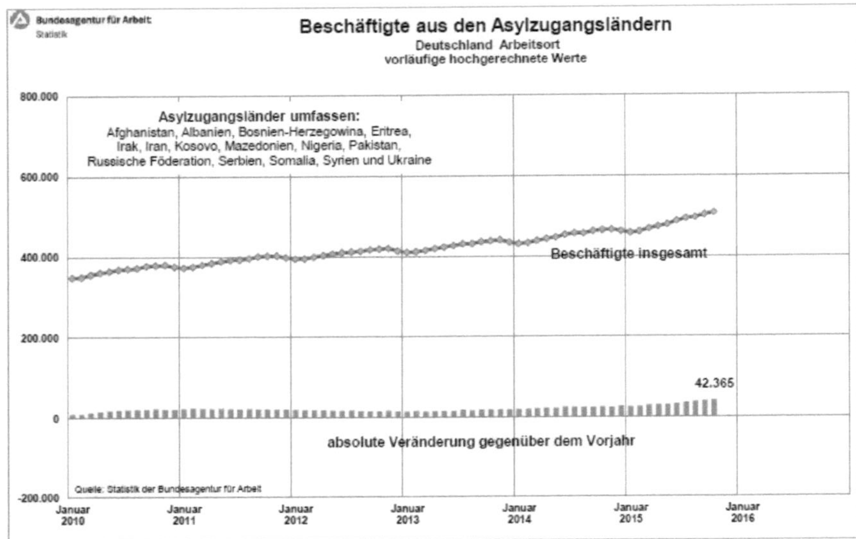

Abb. 4: Beschäftigte aus den Asylzugangsländern

(Quelle: Bundesagentur für Arbeit [2015], S. 8)

Mithilfe der Statistiken der Bundesagentur für Arbeit ist es aber nicht direkt nachweisbar, inwieweit Veränderungen in der Beschäftigung und Arbeitslosigkeit aufgrund von Migration zustande gekommen sind. Es werden Menschen aus vorher festgelegten Asylzugangsländern in den Statistiken erfasst. [50]

3.2 Demographischer Wandel

Die Demographie eines Landes ist ein langfristiger Prozess, der nur über jahrzehntelange Beobachtungen dokumentiert werden kann. Deutschland ist heutzutage nach wie vor durch zwei Weltkriege geprägt. Dabei ist die Demographie eng mit den Lebensverhältnissen, die eine Gesellschaft prägen, verbunden. Über 40 Jahre war Deutschland in die BRD und DDR geteilt, welches die Entwicklung verschiedener Wertesysteme begünstigte. [51]

Im Jahr 2004 lebten von den 82,5 Millionen Einwohner Deutschlands etwa 80 Prozent in den alten Bundesländern, 16 Prozent in den neuen und vier Prozent in

---

[50] Vgl. Bundesagentur für Arbeit [2015], S. 4.
[51] Vgl. Cassens, I. / Luy, M. / Scholz, R. [2009], S. 8.

Berlin. Seit der Wiedervereinigung ist ein kontinuierlicher Abfall der Bevölkerungszahlen in den neuen Bundesländern zu erkennen, welche in die alten Bundesländer und Großstädte ziehen. Gleichzeitig ging auch die Geburtenrate in den neuen Bundesländern rapide zurück, wodurch rasch ein hoher Sterbefallüberschuss erreicht wurde. Auch die alten Bundesländer erreichten keine positive Bilanz, hier gab es nach der Wende einen summenmäßig fast gleichen Saldo von Geburten und Sterbefällen. Durch weitere Fortschritte in der Medizin stieg die Lebenserwartung der Mitbürger, wodurch man allgemein von einer alternden Bevölkerung in Deutschland spricht.[52]

Die Aspekte zeigen auf, dass Deutschland einerseits in der Bevölkerungsschicht altern wird, andererseits das es eine hohe Anzahl von strukturschwachen Regionen gibt in denen immer weniger Menschen leben.

Für die deutsche Wirtschaft ergibt sich das Problem, dass es immer weniger verfügbare Arbeitskräfte geben wird. Aus diesem Grund sind Flüchtlinge ein potenziell wichtiger Tatbestand, um dieser negativen Entwicklung entgegenzusteuern. Die Gegenmaßnahmen benötigen jedoch eine längere Periode bis sich eine gewünschte Wirkung entfaltet. Zunächst wird das Arbeitskräfteangebot schrumpfen und zugleich älter werden.[53]

3.3 Fachkräftemangel

Im vorherigen Unterkapitel wurde prognostiziert, dass begünstigt durch die demographischen Entwicklungen, es zunehmend zu einem Mangel an Arbeitskräften kommen wird. Forscher gehen aber davon aus, dass die aktuellen Entwicklungen durch die Zuwanderung das Problem des Rückgangs der deutschen Bevölkerung kompensieren können. Der Arbeitsmarkt bringt großes Potenzial für eine Vielzahl von erwerbslosen Arbeitskräften mit sich, die mithilfe des Staates und der Wirtschaft, insbesondere der Unternehmen, integriert werden können.[54]

Die gemeldeten Arbeitsstellen bei der Bundesagentur für Arbeit lagen im Jahr 2015 deutlich über der Anzahl des Vorjahres. Ebenfalls lag das gesamtwirtschaftliche Stellenangebot, welches auch nicht gemeldete Arbeitsstellen umfasst, über dem Wert des Vorjahres.[55]

---

[52] Vgl. Cassens, I. / Luy, M. / Scholz, R. [2009], S. 12-13.
[53] Vgl. Cassens, I. / Luy, M. / Scholz, R. [2009], S. 221.
[54] Vgl. Bundesagentur für Arbeit [2015], S. 5.
[55] Vgl. Bundesagentur für Arbeit [2015], S. 48.

Das gesamtwirtschaftliche Stellenangebot umfasste bis zum Ende des dritten Quartals 2015 rund 1.039.000 Stellen. Davon konnten 790.000 Stellen, das entspricht einer prozentualen Quote von 76 Prozent wiederbesetzt werden. Die Zahlen veranschaulichen, dass es aufgrund des fehlenden Fachkräfteangebots zu Arbeitsleerläufen gekommen ist. [56]

Folgende Abbildung zeigt aktuelle Berufsfelder mit Engpässen. Hierzu zählen unter anderem Ingenieure in der Maschinen- und Fahrzeugtechnik, Experten in der Informatik und Softwareentwicklung oder Fachkräfte in der Altenpflege.

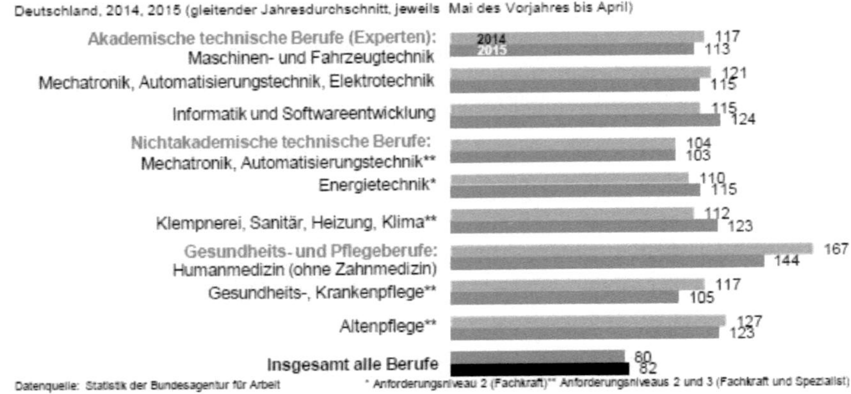

Abb. 5: Aktuelle Entwicklung der Vakanzzeit in ausgewählten Engpassberufsgruppen

(Quelle: Bundesagentur für Arbeit [2015], S. 7)

Begünstigst durch die demographische Entwicklung hätte Deutschland im Jahr 2015 einen Rückgang von 320.000 Menschen im Erwerbspersonenpotenzial verzeichnet. Die hohen Zuwanderungszahlen hatten eine harmonisierende Wirkung. [57]

3.4 Modell „Jeder Mensch hat Potenzial"

Für die Flüchtlinge wäre es am idealsten wenn ein Einstieg in eine Beschäftigung unabhängig von staatlichen Hilfen funktionieren würde. Die deutschen Behördenstrukturen, rechtliche Hindernisse und traumatische Erlebnisse bei der Flucht verhindern jedoch einen einfachen und schnellen Zugang zum Arbeitsmarkt. [58]

---

[56] Vgl. Bundesagentur für Arbeit [2015], S. 49.
[57] Vgl. Bundesagentur für Arbeit [2015], S. 49.
[58] Vgl. Institut für Arbeitsmarkt- und Berufsforschung [2015], S. 8.

Anfang 2014 beschlossen die Bundesagentur für Arbeit, das Bundesamt für Migration und Flüchtlinge sowie das vom ESF geförderte Programm „XENOS - Arbeitsmarktliche Unterstützung für Bleibeberechtigte und Flüchtlinge" ein Modell zu initiieren welches sich dieser Herausforderung stellt. Unter dem Kurznamen „Early Intervention" startete ein Versuch Flüchtlinge schon während des laufenden Asylverfahrens in den Arbeitsmarkt zu integrieren. Dabei konzentrierte man sich auf gut qualifizierte Asylbewerber, die mit hoher Wahrscheinlichkeit eine Aufenthaltsbefugnis in Deutschland bekommen. [59]

Das Modell ist in vier Phasen gegliedert. Folgende Darstellung veranschaulicht die einzelnen Schritte.

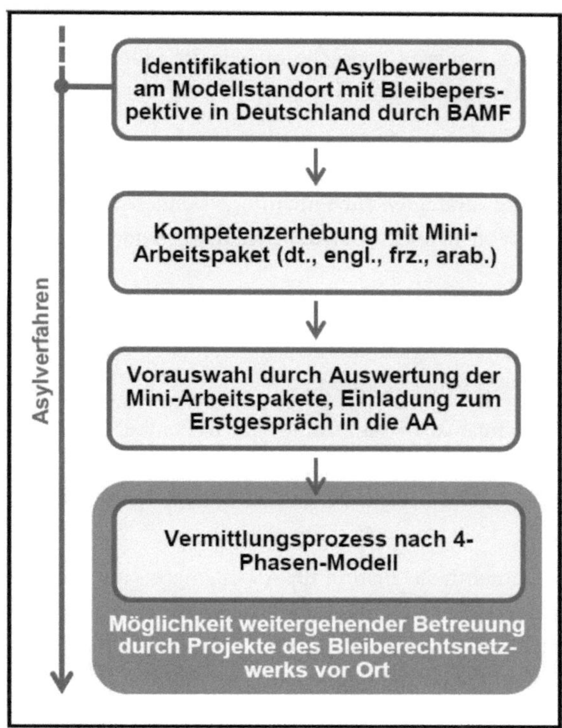

Abb. 6: Jeder Mensch hat Potenzial Modell

(Quelle: Bundesagentur für Arbeit [2015], S. 2)

---

[59] Vgl. Bundesagentur für Arbeit [2015], S. 1.

In der ersten Phase identifiziert das Bundesamt für Migration und Flüchtlinge Neu-Antragsteller für ein Asyl nach denjenigen, die eine hohe Bleibeperspektive in Deutschland haben. Dabei berechnet sich die Bleibeperspektive nach den Herkunftsländern mit der höchsten Schutzquote und den wenigstens Abschiebungen. [60]

Anschließend folgt im zweiten Zeitabschnitt eine Kompetenzerhebung. Die Bundesagentur für Arbeit nutzt ein sogenanntes Mini-Arbeitspaket, welches in verschiedenen Sprachen zur Verfügung steht. Das Hauptaugenmerk liegt in der Selbstauskunft des Flüchtlings über den erlernten Beruf, Abschlüsse und weitere wichtige Stationen im Lebenslauf. [61]

Basierend auf den Angaben erstellt die Arbeitsagentur für Arbeit dann eine Vorauswahl für den Flüchtling. Durch weitere Gespräche werden die Flüchtlinge aktiv mit in den Vermittlungsprozess einbezogen. [62]

Dieser beinhaltet im letzten Schritt das allgemein angewendete 4-Phasen-Modell (Profiling, Zielfestlegung, Auswahl einer Handlungsstrategie, Umsetzung und Nachhaltung). Wichtige Handlungsstrategien für Flüchtlinge können der Erwerb von Sprachkenntnissen mithilfe von Kursen oder die Erlangung von Schlüsselqualifikationen sein. [63]

Im Anschluss daran kann der Flüchtling weitere Unterstützung durch eines der Bleiberechtsnetzwerke erhalten. Die Tätigkeiten eines solchen Bleiberechtsnetzwerks werden im späteren Praxisteil näher erläutert.

Der Modellversuch wurde von Januar 2014 bis zum Monat Dezember 2015 verlängert. Anfangs startete das Projekt in den sechs Städten Augsburg, Dresden, Freiburg, Hamburg und Köln. Ab dem Jahr 2015 kamen Berlin, Ludwigshafen und Hannover hinzu. [64]

Die Evaluation des Projektes übernahm das Institut für Arbeitsmarkt- und Berufsforschung (IAB). Anhand aktueller Auswertungen geht man von einer Teilnehmeranzahl von 600 Flüchtlingen aus. Davon wurden 16 Flüchtlinge in Beschäftigung und weitere 5 Teilnehmer in einen Ausbildungsplatz vermittelt. [65]

---

[60] Vgl. Bundesagentur für Arbeit [2015], S. 2.
[61] Vgl. Bundesagentur für Arbeit [2015], S. 2.
[62] Vgl. Bundesagentur für Arbeit [2015], S. 2.
[53] Vgl. Bundesagentur für Arbeit [2015], S. 2.
[64] Vgl. Bundesagentur für Arbeit [2015], S. 3.
[65] Vgl. Bundesagentur für Arbeit [2015], S. 3.

3.5 Zusammenfassung

Das Kapitel zeigte auf das der Flüchtlingsstrom nach Deutschland vielerlei Chancen für Deutschland und den Arbeitsmarkt mit sich bringen kann. In Bezug auf den demographischen Wandel ist von einer positiven Entwicklung zu sprechen, die das Hauptproblem der alternden Bevölkerung in Deutschland aufhält.

Die momentanen Trends in der Arbeitsmarktsituation und dem damit eng verbundenen Fachkräftemangel können jedoch nicht alleine mit einer größer werdenden Bevölkerungsanzahl gelöst werden. Hier ist die Politik und die Wirtschaft, insbesondere auch die Unternehmen dazu aufgefordert genügend Qualifizierungsmöglichkeiten und leichtere Zugangsmöglichkeiten für Arbeitsplätze zu schaffen.

Schlussendlich zeigt das Projekt „Jeder Mensch hat Potenzial" auf, wie lange eine Integration von Flüchtlingen auch bei einer intensiven Betreuung dauert. Durch eine stärkere Einbindung von Unternehmen, die an dieser Stelle noch nicht genügend in diesem Konstrukt integriert sind, kann eine Vielzahl von Flüchtlingen den Weg zum Arbeitsmarkt finden.

4 Zugang zum Arbeitsmarkt

Der Zugang zum Arbeitsmarkt und die verschiedenen Aufenthaltstitel werden bei Flüchtlingen durch eigene rechtliche Vorgaben geregelt. Die rechtlichen Rahmenbedingungen schaffen im kommenden Unterkapitel eine Ummantelung um alle wichtigen Informationen die neben der Beschäftigung Bedeutung haben zu klären. Daneben gelten für Flüchtlinge Gesetzesvorgaben die dann im direkten Einstellungsprozess eines Arbeitsplatzes wichtig sind. Die Politik hat im vergangenen Jahr 2015 erkannt, dass Potenziale der Flüchtlinge besser und schneller genutzt werden müssen. Dafür wurden erste Gesetzesänderungen vorgenommen, die vor allem für Asylsuchende und geduldete Flüchtlinge schnellere Möglichkeiten einer Beschäftigungsaufnahme mit sich brachten.

4.1 Rechtliche Rahmenbedingungen in Deutschland

Im folgenden Abschnitt finden eine Erläuterung der unterschiedlichen Aufenthaltstitel und -papiere, sowie der Residenzpflicht statt. Des Weiteren gibt es eine Aufklärung des Themas, wie Qualifizierungen von Flüchtlingen aus ihren Herkunftsländern in Deutschland anerkannt werden.

4.1.1 Aufenthaltstitel und -papiere

Der aufenthaltsrechtliche Status ist für das Unternehmen wichtig um einordnen zu können, wie sicher und wie lange der Flüchtling in Deutschland verbleiben darf. Hilfreich kann ein Blick in die Aufenthaltspapiere sein, in welchen der Aufenthaltstitel vermerkt ist (siehe Anhang 2).

Bei den Aufenthaltstiteln gibt es eine Unterteilung in befristete und unbefristete Varianten. Zu den befristeten Aufenthaltstiteln gehört das Visum, die Aufenthaltserlaubnis und die Blaue Karte EU. [66]

Das Visum ist ein befristeter Aufenthaltstitel, welcher von der deutschen Auslandsvertretung in Form des Konsulats oder der Botschaft schon vor der Einreise vergeben wird. [67]

---

[66] Vgl. Bundesagentur für Arbeit [2015], S. 6.
[67] Vgl. Bundesagentur für Arbeit [2015], S. 6.

Die Aufenthaltserlaubnis ist grundsätzlich immer zeitlich befristet und wird für einen bestimmten Zweck vergeben. Dabei gibt es verschiedene Arten der Aufenthaltserlaubnis. Anhand der Aufenthaltspapiere lässt sich die Art der Aufenthaltserlaubnis in Form eines genannten Paragraphen nachverfolgen. [68]

Als letzteres gibt es den befristeten Aufenthaltstitel der „Blauen Karte EU". Dieser kann an Arbeitnehmer/innen mit einer akademischen oder vergleichbaren Qualifikation vergeben werden. Es ist gesetzlich ein Mindesteinkommen vorgeschrieben. [69]

Unbefristete Aufenthaltstitel sind die Niederlassungserlaubnis und der Daueraufenthalt EU. Beide Aufenthaltstitel ermöglichen einem zeitlichen und räumlichen uneingeschränkten Aufenthalt in Deutschland. Der Aufenthaltstitel Daueraufenthalt EU kann ein Drittstaatangehöriger nach einem rechtmäßigen fünfjährigen Aufenthalt in Deutschland beziehungsweise der Europäischen Union erhalten. Es müssen jedoch auch ein gesichertes Einkommen, ein Wohnraum, ein bestimmtes Sprachlevel, Grundkenntnisse der Rechts- und Gesellschaftsordnung sowie kein Eintrag im Strafregister vorliegen. [70]

Keine Aufenthaltstitel bilden die Aufenthaltsgestattung und die Duldung. Ferner wird die Aufenthaltsgestattung während eines laufenden Asylverfahrens vergeben. Die Duldung gilt solange der Flüchtling nicht ausreisefähig ist und sich innerhalb Deutschlands aufhält. [71]

In den Aufenthaltspapieren kann eine Fiktionsbescheinigung vermerkt sein. Diese ist ein Nachtrag, welcher belegt, dass ein Antrag auf eine Erteilung oder Verlängerung des Aufenthaltstitels eingereicht wurde und derzeit in Bearbeitung ist. Es gilt während dieses Zeitraumes der vorher vergebene Aufenthaltstitel. [72]

4.1.2 Residenzpflicht

Die Residenzpflicht beschreibt eine Regelung die für Asylbewerber und geduldete Flüchtlinge gilt. Demnach durften diese beiden Personenkreise ihre Aufenthaltsbezirke in der Vergangenheit nicht oder nur sehr eingeschränkt verlassen. [73] Dies war vor allem für Flüchtlinge die in struktur- und wirtschaftsschwachen Regionen

---

[68] Vgl. Bundesagentur für Arbeit [2015], S. 6.
[69] Vgl. Bundesagentur für Arbeit [2015], S. 6.
[70] Vgl. Bundesagentur für Arbeit [2015], S. 6.
[71] Vgl. Bundesagentur für Arbeit [2015], S. 6.
[72] Vgl. Bundesministerium für Arbeit und Soziales [2013], S. 8.
[73] Vgl. Die Bundesregierung [2015], o.S.

zugeteilt worden sind eine enorme Erschwernis der Integration, da deutlich weniger Möglichkeiten von Beschäftigungsangeboten zur Verfügung standen.

Anfang des Jahres 2015 entschied die Bundesregierung die Residenzpflicht zu lockern. Damit können sich Asylbewerber und geduldete Flüchtlinge nach Ablauf einer dreimonatigen Frist freier im Bundesgebiet bewegen. Hierfür muss der Asylbewerber oder Geduldete einen Antrag zur Genehmigung eines anderen Aufenthaltsbezirks bei der Ausländerbehörde einreichen. Normalerweise ist die Residenzpflicht des Asylbewerbers und des Geduldeten auf das Bundesland, in welchem der Aufenthaltsbezirk geographisch liegt, beschränkt. Mit der Genehmigung der Ausländerbehörde kann ein alternativer Aufenthaltsbezirk in einem anderen Bundesland gewählt werden. [74] Davon profitiert sowohl der Flüchtling, der die Möglichkeit hat sich bundesweit für einen Arbeitsplatz, eine Aus- oder Weiterbildung zu bewerben, als auch die Unternehmen, welche ihren Arbeitnehmer mobiler einsetzen können.

Einzig die Geduldeten können in seltenen Fällen in dem Aufenthaltsbezirk und einem noch kleineren Gebiet als das Bundesland beschränkt werden. Dieser Sachverhalt kann beispielsweise bei Terrorismusverdacht oder Straftaten entschieden werden. [75]

4.1.3 Anerkennung von Qualifizierungen

Aktuell leben in Deutschland etwa 16,5 Millionen Menschen mit Migrationshintergrund, dass macht einen Anteil von 20 Prozent der Gesamtbevölkerung aus. Durch vielerlei Ursachen sind Menschen mit Migrationshintergrund etwa doppelt so hoch von der Arbeitslosigkeit betroffen wie Menschen ohne Migrationshintergrund. [76]

Seit dem Jahr 2005 gibt es das Förderprogramm „Integration durch Qualifizierung (IQ)", welches an der Zielsetzung arbeitet, Menschen mit Migrationshintergrund besser in den Arbeitsmarkt zu integrieren. In der aktuellen Förderperiode 2015 bis 2018 wird das Programm durch das Projekt „ESF-Qualifizierung im Kontext des Anerkennungsgesetzes" erweitert. Das neue Projekt beinhaltet das Ziel, im Ausland erworbene Berufsabschlüsse häufiger nutzten zu können um damit letztendlich dann in einem Beschäftigungsverhältnis in Deutschland zu münden. [77]

---

74 Vgl. Bundesgesetzblatt [2014], S. 1.
75 Vgl. Flüchtlingsrat Niedersachsen [2015], o.S.
76 Vgl. Netzwerk für Integration durch Qualifizierung [2015], o.S.
77 Vgl. Netzwerk für Integration durch Qualifizierung [2015], o.S.

Das Förderprogramm ist in 16 Landesnetzwerke aufgestellt. Die Landesnetzwerke sollen regionale Anfragen bearbeiten. Daneben gibt es fünf IQ Fachstellen, die bundesweit tätig sind und die einzelnen Landesnetzwerke fachlich beraten und begleiten. [78]

Die Landesnetzwerke arbeiten eng mit den Arbeitsmarktakteuren wie der Bundesagentur für Arbeit, Jobcenter, Kammern und Beratungsstellen zusammen. Insgesamt werden 341 Teilprojekte betreut, welche sich in die drei Handlungsschwerpunkte der „Anerkennungs- und Qualifizierungsberatung", „Berufliche Qualifizierungsmaßnahmen im Kontext der Anerkennungsgesetze" und „Interkulturelle Kompetenzerkennung und Antidiskriminierung" untergliedern lassen. [79]

Der erste Handlungspunkt „Anerkennungs- und Qualifizierungsberatung" beschreibt die Unterstützung der IQ Beratungsstellen für Menschen mit Migrationshintergrund im Anerkennungsverfahren, Anpassungsqualifizierungen und Ausgleichsmaßnahmen. [80]

Das Anerkennungsverfahren wird in die Phasen der „Orientierung" und des „Vollzuges" gegliedert. Dabei beschreibt die erste Phase den zeitlichen Rahmen bevor der Migrant den Antrag zur Anerkennung einer Qualifizierung einreicht (siehe Anhang 3). Mithilfe des Selbstinformationsportals „Anerkennung in Deutschland" oder Erstberatungen kann der Migrant sich über die Wahrscheinlichkeit der Anerkennung seiner Qualifizierungen informieren. [81]

Anschließend folgt die Einreichung des Antrages und damit gelangt man zur Phase des „Vollzuges". Hier prüft die Anerkennungsstelle ob die eingereichten Nachweise von Qualifizierungen auch in Deutschland anerkannt werden können. Hierfür werden unter anderem das „BQ-Portal" und die Onlineplattform „anabin" genutzt. Das „BQ-Portal" verfügt über Informationen von Berufsbildungssystemen aus 60 Ländern und rund 660 Profilen von ausländischen Berufsabschlüssen. Die Onlineplattform „anabin" stellt Daten über einzelne Hochschulabschlüsse, Bildungsinstitutionen und Schulabschlüsse von etwa 180 Ländern bereit. [82]

Das Anerkennungsverfahren ist für schulische, akademische und berufliche Abschlüsse verwendbar. Die folgende Abbildung verdeutlicht den Ablauf des Anerkennungsverfahrens.

---

[78] Vgl. Netzwerk für Integration durch Qualifizierung [2015], o.S.
[79] Vgl. Netzwerk für Integration durch Qualifizierung [2015], o.S.
[80] Vgl. Netzwerk für Integration durch Qualifizierung [2015], o.S.
[81] Vgl. Netzwerk für Integration durch Qualifizierung [2015], o.S.
[82] Vgl. Netzwerk für Integration durch Qualifizierung [2015], o.S.

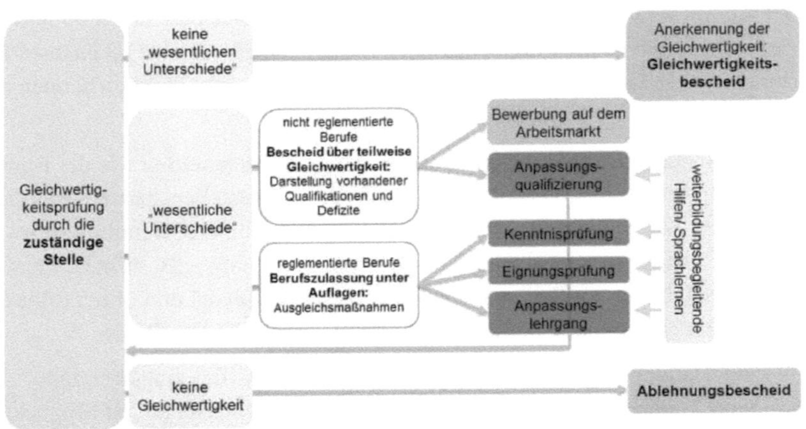

Abb. 7: Ablauf des Anerkennungsverfahrens nach Bundesrecht

(Quelle: Netzwerk für Integration durch Qualifizierung [2015], o.S.)

Die Antragsstelle vergleicht die ausländische Berufsqualifikation mit einem deutschen Referenzberuf. In der Praxis sind drei Entscheidungswege möglich. Dabei stellen die einfachsten Entscheidungen die Gleichwertigkeit oder die nicht Gleichwertigkeit dar. Wenn keine wesentlichen Unterschiede erkennbar sind, erhält der Migrant den Gleichwertigkeitsbescheid. Liegt jedoch keine Gleichwertigkeit vor, wird ein Ablehnungsbescheid verschickt. Komplizierter ist der Sachverhalt, wenn es wesentliche Unterschiede in der Qualifikation gibt. Man unterscheidet dann zwischen „nicht reglementierten" und „reglementierten" Berufen. Für die „nicht reglementierten" Berufe gilt, dass diese auch ohne staatliche Zulassung ausgeübt werden dürfen. Dementsprechend kann sich der Migrant auf dem Arbeitsmarkt bewerben. Dahingegen dürfen die „reglementierten" Berufe nicht ohne staatliche Zulassung ausgeübt werden. Es sind Ausgleichsmaßnahmen wie beispielweise eine Kenntnisprüfung, eine Eignungsprüfung oder ein Anpassungslehrgang nötig um die Anerkennung zur Ausübung des Berufes zu erhalten. Auch bei den „nicht reglementierten" Berufen gibt es das Angebot von Anpassungsqualifizierungen. Diese Weiterbildungen umschreiben den zweiten Handlungsschwerpunkt „Berufliche Qualifizierungsmaßnahmen im Kontext der Anerkennungsgesetze", welche die Landesnetzwerke ebenfalls bearbeiten. [83]

---

[83] Vgl. Netzwerk für Integration durch Qualifizierung [2015], o.S.

Nach Einreichung des Antrages muss dieser innerhalb von drei Monaten bearbeitet werden. Die Kosten der Prüfung müssen vom Antragssteller selber getragen werden. In einigen Fällen übernimmt aber auch die Bundesagentur für Arbeit oder das Jobcenter die angefallenen Kosten. [84]

Der dritte Handlungsschwerpunkt „Interkulturelle Kompetenzentwicklung und Antidiskriminierung" der Landesnetzwerke beinhaltet den Aufbau und die Weiterentwicklung von interkulturellen Kompetenzen im Austausch mit der Agentur für Arbeit, den Jobcentern, sowie kleinere und mittlere Unternehmen. Es sollen kulturbedingte Hindernisse identifiziert, praxisnah erläutert und nachhaltig abgebaut werden. [85]

Seit Oktober 2015 gibt es in Hamburg das Projekt „W.I.R - work and integration for refugees". Man hat erkannt, dass Flüchtlinge noch mehr Hilfestellungen bei der Anerkennung von Qualifizierungen und der Vermittlung in den Arbeitsmarkt haben, als übliche Menschen mit Migrationshintergrund. So ist es hier beispielsweise deutlich schwieriger, dass alle Dokumente der Qualifizierungen im Original vorliegen, da der Flüchtling oft ohne Vorbereitung das Herkunftsland verlassen musste oder diese auf der gefährlichen Reise Richtung Deutschland verloren hat. Auch ist eine Anfrage an die dortigen Ämter kaum möglich, da sich die Länder in einer Ausnahmesituation befinden und von den normalen Kommunikations- und Transportwegen abgeschnitten sind. Das W.I.R Projekt arbeitet mit einem ähnlichen Konzept wie das IQ Netzwerk und gleichen Netzwerkpartnern. Der Austausch zum Flüchtling soll nur noch intensiver und enger ablaufen als beim allgemeinen Prozess. Außerdem sind hier aufgrund der nicht vorhandenen Originale mehr Qualifikationsanalysen nötig. [86]

Das Bundesamt für Migration und Flüchtlinge veröffentlichte im Dezember 2015 erste Daten der Qualifizierungen, welche Asylsuchende in einer Selbstauskunft bei Antragstellung des Asyls mitgeteilt haben. Aufgrund des eingeschränkten Personenkreises sind diese Daten nicht repräsentativ. [87]

Demnach haben von den 105.000 Asylsuchenden der über 20-Jährigen etwa 13 Prozent eine Hochschule besucht, 17,5 Prozent ein Gymnasium, 30 Prozent eine

---

[84] Vgl. Netzwerk für Integration durch Qualifizierung [2015], o.S.
[85] Vgl. Netzwerk für Integration durch Qualifizierung [2015], o.S.
[86] Vgl. Behörde für Arbeit, Soziales, Familie und Integration / Jobcenter team.arbeit.hamburg / Agentur für Arbeit Hamburg [2015], S. 2.
[87] Vgl. Netzwerk Integration durch Qualifizierung [2015], S. 1.

Mittelschule, 17 Prozent eine Grundschule und 8 Prozent haben keine Schule besucht. Die beruflichen Qualifikationen lassen sich momentan nur aus speziellen Programmen für die Zielgruppe der Flüchtlinge erschließen. Aber auch diese Programme liefern nur beschränkt aussagekräftige Daten. [88]

4.2 Gesetzesvorgaben

Das folgende Unterkapitel umfasst Gesetzesvorgaben, deren Beachtung für Unternehmen bei der Einstellung eines Flüchtlings von Bedeutung ist. Konkret werden die Beschäftigungserlaubnis, gesonderte Bestimmungen und eine Übersicht zu möglichen Arbeitsmodellen erläutert.

4.2.1 Beschäftigungserlaubnis

Die Beschäftigungserlaubnis, oder im allgemeinen Sprachgebrauch die sogenannte Arbeitserlaubnis ist das wichtigste Instrument um den Flüchtling im Unternehmen einstellen zu können. Ohne die Arbeitserlaubnis darf der Flüchtling keiner legalen Beschäftigungsform nachgehen. Der Weg zum Beschäftigungsverhältnis ist bei Asylbewerbern/innen und geduldeten Flüchtlingen einigen Bestimmungen unterlegt. Asylanerkannte können ohne Einschränkung beschäftigt werden. Das anschließende Unterkapitel erläutert was man unter der „Wartefrist", dem „Nachrangigen Zugang" und dem „Freien Zugang" zum Arbeitsmarkt versteht.

4.2.1.1 Wartefrist

Die Wartefrist beschreibt einen Zeitraum in welchem Asylsuchende und geduldete Flüchtlinge keiner Beschäftigung nachgehen dürfen. Es gilt also ein Arbeitsverbot. Dieser Zeitraum umfasst momentan 3 Monate. [89]

Für einige Arbeitsmodelle gibt es für Geduldete die Möglichkeit sofort eine Beschäftigung aufzunehmen. Diese werden im weiteren Verlauf genannt.

4.2.1.2 Nachrangiger Zugang

Asylsuchende und Geduldete können nach Ablauf der 3 Monate eine Genehmigung zur Ausübung einer Beschäftigung erhalten. Dabei beginnt die 3 Monats Frist am Tag der Meldung des Asylgesuchs und dem Erhalt einer Aufenthaltsgestattung. Die Genehmigung der Beschäftigungserlaubnis muss von der jeweiligen

---

[88] Vgl. Netzwerk Integration durch Qualifizierung [2015], S. 1.
[89] Vgl. ESF Bundesprogramm [2015], S. 30.

Person bei der Ausländerbehörde eingeholt werden. Dabei entscheidet die Ausländerbehörde nach eigenem Ermessen. Außerdem muss auch die regionale Arbeitsagentur dem Gesuch zustimmen. Die Anfrage wird aber von der Ausländerbehörde automatisch an die regionale Arbeitsagentur weitergeleitet.[90]

Geduldete Flüchtlinge, welche fehlende oder falsche Angaben zur eigenen Identität gemacht haben, wird eine Beschäftigung grundsätzlich verboten.[91]

Der nachrangige Zugang zum Arbeitsmarkt teilt sich in zwei zeitliche Phasen. Die erste Phase gilt ab dem 4. bis zum 15. Monat. Hierbei werden eine Vorrangprüfung und eine Arbeitsmarktprüfung seitens der Agentur für Arbeit durchgeführt.[92]

Dabei untersucht die Vorrangprüfung, ob die Arbeitsstelle nicht auch mit einem deutschen oder einem EU-Bürger besetzt werden kann. Es gilt also die Reihenfolge des Deutschen, des EU-Bürgers und erst dann des Flüchtlings bei der Besetzung des Arbeitsplatzes.[93]

Weiterhin wird bei der Arbeitsmarktprüfung geprüft, dass die Arbeitszeiten und die Entlohnung den gesetzlichen Vorgaben gerecht werden. Damit soll verhindert werden, dass Asylbewerber/innen und Geduldete schlechtere Arbeitsbedingungen als Asylanerkannte oder andere Arbeitnehmer haben.[94]

Ab dem 16. Monat bis zum 47. Monat entfällt die Vorrangprüfung. Es wird lediglich weiter die Arbeitsmarktprüfung durchgeführt.[95]

4.2.1.3 Freier Zugang

Nach vierjährigem Aufenthalt in Deutschland entfällt für den Asylsuchenden und Geduldeten auch die Arbeitsmarktprüfung. Darüber hinaus ist für die Beschäftigungsaufnahme nun auch keine weitere Zustimmung durch die Arbeitsagentur für Arbeit erforderlich.[96]

---

[90] Vgl. ESF Bundesprogramm [2015], S. 30.
[91] Vgl. ESF Bundesprogramm [2015], S. 31.
[92] Vgl. ESF Bundesprogramm [2015], S. 30.
[93] Vgl. ESF Bundesprogramm [2015], S. 30.
[94] Vgl. ESF Bundesprogramm [2015], S. 30.
[95] Vgl. ESF Bundesprogramm [2015], S. 30.
[96] Vgl. ESF Bundesprogramm [2015], S. 30.

4.2.2 Gesonderte Bestimmungen

Für Hochqualifizierte und Ausländer mit beruflichen Qualifikationen in Engpass-
berufen bietet Deutschland gesonderte Bestimmungen für die Erlangung eines
Aufenthaltstitels und einer Beschäftigungserlaubnis.

In den folgenden Abschnitten werden die „Blaue Karte EU" und die „Positivliste"
im Detail vorgestellt.

4.2.2.1 Blaue Karte EU

In Umsetzung der Hochqualifizierten Richtlinie auf EU-Ebene wurde die „Blaue
Karte EU" eingeführt. Zur Zielgruppe der „Blauen Karte EU" zählen Drittstaatan-
gehörige, welche einen anerkannten deutschen oder ausländischen Hochschulab-
schluss haben. Ebenfalls ist eine vergleichbare Qualifikation als Nachweis möglich. [97]

Der Hochqualifizierte erhält eine befristete Aufenthaltserlaubnis, wenn er zusätzlich folgende Aspekte vorweisen kann:

- Vorlage eines Arbeitsvertrages oder eines verbindlichen Arbeitsplatzange-
  botes
- Nachweis eines jährlichen Mindestbruttogehalts in einer Höhe von 49.600
  Euro (Ausnahme: Naturwissenschaftler, Mathematiker, Ingenieure, Ärzte
  und IT-Fachkräfte haben eine niedrigere Gehaltshöhe von 38.688 Euro)

Bei bestimmten Sachverhalten wird auch eine unbefristete Niederlassungserlaubnis vergeben:

- wenn die Person die Beschäftigung länger als 33 Monate ausgeübt hat
- in diesem Zeitraum Pflichtbeiträge, die der gesetzlichen Rentenversiche-
  rung ähnlich sind, gezahlt hat

Bei sehr guten Sprachkenntnissen (Level B1) kann die Niederlassungserlaubnis
sogar schon nach 21 Monaten erteilt werden. [98]

Geduldete Flüchtlinge mit einer Blauen Karte EU können sofort nach Erteilung
des Status eine Beschäftigung eingehen und müssen nicht die 3 Monats Frist ab-
warten. Asylsuchende haben weiterhin die 3 Monats Frist einzuhalten. Bei der

---

[97] Vgl. Bundesagentur für Migration und Flüchtlinge [2015], o.S.
[98] Vgl. Bundesagentur für Migration und Flüchtlinge [2015], o.S.

Arbeitsplatzeinstellung entfällt die Vorrangprüfung. Jedoch müssen die Arbeitsmarktbedingungen denen der inländischen Arbeitnehmer/innen entsprechen. [99]

4.2.2.2 Positivliste

Jährlich führt die Bundesagentur für Arbeit eine Fachkräfteengpassanalyse durch, in welcher Berufsfelder mit unterschiedlichen Anforderungsniveaus in die sogenannte „Positivliste" aufgenommen werden (siehe Anhang 4). Für diese Berufsfelder gibt es aktuell einen Nachfrageüberhang, welcher nicht durch deutsche Staatsbürger gedeckt werden kann. [100]

Eine ausländische Person kann, wenn eine entsprechende Qualifizierung etwa durch eine Ausbildung in einen der gesuchten Berufsfelder nachgewiesen wird, sich auf einen ausgeschriebenen Arbeitsplatz bewerben. Dabei gelten die gleichen Restriktionen wie bei der „Blauen Karte EU". [101]

Der Flüchtling muss sich zuvor unbedingt eine Anerkennung der Qualifizierungen einholen. Die ausländische Person erhält eine befristete Aufenthaltserlaubnis in Deutschland. Diese wird auch erteilt, wenn noch Anpassungsqualifizierungen zur kompletten Anerkennung der Qualifizierung durchgeführt werden müssen. [102]

4.2.3 Übersicht der Arbeitsmodelle

Eine komplette Auflistung der Arbeitsmodelle ist im „Anhang 5" zu finden.

Man unterscheidet grundsätzlich zwischen „zustimmungsfreien" und „zustimmungspflichtigen" Beschäftigungsformen. Dabei können „zustimmungsfreie" Beschäftigungsangebote ohne Zustimmung seitens der Agentur für Arbeit aufgenommen werden, es muss lediglich die Ausländerbehörde informiert sein. Dahingegen ist bei der „zustimmungspflichtigen" Beschäftigungsform die Zustimmung durch die Agentur für Arbeit zwingend erforderlich. [103]

Grundsätzlich ist ersichtlich, das lediglich Geduldete in den ersten 3 Monaten eine Beschäftigungsform aufnehmen dürfen. Zu den „zustimmungsfreien" Beschäftigungsformen gehören das Praktikum, die Berufsausbildung, Beschäftigungen als Hochschulabsolvent, Führungskraft, Wissenschaftler, Forscher, Entwickler, Freiwilligendienst, Priester, Nonne, Schul- oder Hochschulpraktikant, Berufssportler

---

[99] Vgl. Bundesagentur für Migration und Flüchtlinge [2015], o.S.
[100] Vgl. Bundesagentur für Arbeit [2015], S. 2.
[101] Vgl. Bundesagentur für Arbeit [2015], S. 7.
[102] Vgl. Bundesagentur für Arbeit [2015], S. 7.
[103] Vgl. Behörde für Arbeit, Soziales, Familie und Integration [2015], S. 1 ff.

und Fotomodell sowie Beschäftigungen im Betrieb des Ehegatten, Lebenspartners oder Verwandten 1. Grades bei häuslicher Gemeinschaft. [104]

Die „zustimmungspflichtigen" Beschäftigungsformen umfassen die Leiharbeit und die Beschäftigung als Hochschulabsolvent in Mangelberufen, Absolventen einer qualifizierten deutschen Berufsausbildung, Absolventen einer gleichwertig anerkannten ausländischen Berufsausbildung in einem der festgestellten Mangelberufe und Praktikanten deren Beschäftigung Voraussetzung für die Anerkennung einer ausländischen Berufsqualifikation ist. [105]

Gleiche Regelungen der genannten Beschäftigungsformen gelten auch für Asylbewerber/innen ab dem 4. Monat, wenn das Arbeitsverbot aufgehoben ist. Erst ab dem 48. Monat sind alle Beschäftigungsformen zustimmungsfrei. [106]

Für andere Beschäftigungsformen gelten die Restriktionen die im Unterkapitel 4.2.1 erläutert worden sind, wozu unter anderem die Vorrangprüfung und die Arbeitsmarktprüfung gehören. [107]

4.3 Zusammenfassung

Das Kapitel „Zugang zum Arbeitsmarkt" zeigt auf, das es viele Restriktionen für Flüchtlinge, insbesondere für Asylbewerber/innen und geduldete Flüchtlinge gibt. Die jeweiligen Aufenthaltspapiere sind jederzeit einsehbar und geben schnell Auskunft über Aufenthaltstitel und Beschäftigungserlaubnis. Positive Entwicklungen konnten durch Gesetzeslockerungen in den Bereichen der Residenzpflicht, der gezielteren Anerkennung von Qualifizierungen, sowie den schnelleren Einstieg in Beschäftigungsformen erreicht werden.

---

[104] Vgl. Behörde für Arbeit, Soziales, Familie und Integration [2015], S. 1 ff.
[105] Vgl. Behörde für Arbeit, Soziales, Familie und Integration [2015], S. 1 ff.
[106] Vgl. Behörde für Arbeit, Soziales, Familie und Integration [2015], S. 1 ff.
[107] Vgl. Behörde für Arbeit, Soziales, Familie und Integration [2015], S. 1 ff.

5 Das Unternehmen

Die Beiersdorf AG mit Firmensitz in Hamburg zählt zu den führenden Konsum-güterherstellern weltweit. Vorstandsvorsitzender ist seit 2012 Stefan Fritz Hei-denreich. [108] Das Unternehmen wurde im Jahre 1882 gegründet und ist heute mit insgesamt 150 Tochtergesellschaften global tätig. [109]

Der Konzern wird in die zwei Unternehmensbereiche Consumer und tesa unter-teilt. Die Produktsparte umfasst international bekannte Marken wie beispiels-weise Nivea, Eucerin, Florena, tesa oder Hansaplast. Jede dieser Marken verfügt über ein eigenes Markenbild mit jeweiligen Auftritt am Markt. [110]

Derzeit arbeiten über 17.000 Mitarbeiter für die Beiersdorf AG, immer mit dem Ziel möglichst nah am Verbraucher zu sein. Daher gibt es neben dem Standort in Hamburg auch regionale Entwicklungslabore in Mexiko, China und Indien. Die Hautpflegeprodukte werden dabei auf die lokalen Bedürfnisse der Menschen zu-geschnitten. [111]

Im Geschäftsjahr 2014 konnte die Beiersdorf AG einen nominalen Umsatz von 6.285 Millionen Euro erwirtschaften. Dies stellt ein Umsatzplus von 2,3% in Be-zug zum Vorjahr dar. [112]

---

[108] Vgl. Beiersdorf AG [2015], o.S.
[109] Vgl. Beiersdorf AG [2015], o.S.
[110] Vgl. Beiersdorf AG [2015], o.S.
[111] Vgl. Beiersdorf AG [2015], o.S.
[112] Vgl. Beiersdorf AG [2015], o.S.

6 Vorstellung des Modells der Beiersdorf AG

Die kommenden Kapitel zeigen einerseits wie das Modell der Beiersdorf AG vom Stellenbesetzungsverfahren her abläuft, als auch auf der anderen Seite die inhaltlichen Faktoren.

6.1 Beschreibung des Modells

Die folgenden Unterkapitel schildern den Ablauf des Stellenbesetzungsverfahrens bei der Vergabe von Praktikumsstellen an Flüchtlinge. Zunächst wird auf die Initiierung des Beiersdorf Projektes eingegangen. Im Anschluss daran findet eine Beschreibung des Ablaufes von der Suche bis zur Einstellung des Flüchtlings statt.

6.1.1 Initiierung

Das geschaffene Modell für Flüchtlinge wurde im Abteilungsbereich Corporate Social Responsibility geschaffen. Neben den Sachspenden wollte man einen weiteren positiven Beitrag zur Flüchtlingshilfe demonstrieren. Das neue Projekt sollte nicht einem Marketingzweck dienen, sondern sozial nachhaltigen Einsatz für die Flüchtlinge zeigen. Die Abteilung saß aus diesem Grund mit der Handelskammer Hamburg zusammen. Neben Geldspenden kam die Idee auf, Möglichkeiten zu schaffen, Flüchtlingen eine erste Arbeitsperspektive in Deutschland zu bieten. Man entschied sich Praktikumsplätze für Flüchtlinge anzubieten, die neben den sonstigen Stellenangeboten bei der Beiersdorf AG vergeben werden. [113]

6.1.2 Von der Suche bis zur Einstellung

Im „Anhang 7" findet eine Veranschaulichung des Ablaufverfahrens bei der Vergabe von Flüchtlingspraktika statt.

Zunächst wurde durch den Bereich Human Resources ein sogenannter Onepager (siehe Anhang 6) an die Fachbereiche gegeben.[114]

So müssen neben dem Ansprechpartner, auch die Dauer des Praktikums, benötigte Kenntnisse, das Aufgabengebiet und ein möglicher Starttermin vermerkt werden. [115]

---

[113] Vgl. Beiersdorf AG [2015], internes Dokument
[114] Vgl. Beiersdorf AG [2015], internes Dokument
[115] Vgl. Beiersdorf AG [2015], internes Dokument

Während dieses Zeitabschnittes sprechen die Führungskräfte aus den Fachbereichen bei Interesse mit ihrem Team, damit man sich gemeinsam für ein Flüchtlingspraktikum in der Abteilung einigt. Anschließend wird der ausgefüllte Onepager, welcher nun ein Anforderungsprofil enthält, an den Human Resources Bereich zurück geschickt. Es erfolgt eine Information seitens des Human Resources zum Bereich Corporate Social Responsibility, dass ein Fachbereich ein Flüchtlingspraktikum vergibt. [116]

Die Beiersdorf AG hat sich entschieden eng mit der Passage gGmbH, insbesondere verikom und der „Zentralen Anlaufstelle für Anerkennung" zusammenzuarbeiten. Beide Institutionen haben langjährige Erfahrungen in der Arbeit mit Flüchtlingen. [117]

Dabei gehört die Passage gGmbH zu den 28 Bleiberechtsnetzwerken die durch den Europäischen Sozialfond gefördert werden[118]. Das Programm der Bleiberechtsnetzwerke hat sich zum Ziel gesetzt Flüchtlinge langfristig in den Arbeitsmarkt zu integrieren. Hierfür erhalten die Flüchtlinge Unterstützung mithilfe von Bewerbungstraining, Coaching, sprachliche und berufliche Qualifizierung sowie eine Vermittlung in Ausbildung und Beschäftigung. Verikom bildet eines der Netzwerke die mit der Passage gGmbH zusammen unterschiedliche Projekte betreuen. [119]

Die „Zentrale Anlaufstelle für Anerkennung" wurde als ein Pilotprojekt Hamburgs gestartet. Im Kern stehen ausführliche Beratungsangebote für ratsuchende Menschen aus dem Ausland. Es wird eng mit den Kammern und Behörden zusammengearbeitet um sich bei offenen Fragestellungen von Anerkennungen auszutauschen. [120]

Das erstellte Anforderungsprofil wird nun durch den Bereich Human Resources an verikom und die „Zentrale Anlaufstelle für Anerkennung" in Form einer Personalanforderung weitergeleitet. Die Einrichtungen suchen dann nach geeigneten Bewerbungsprofilen. [121]

---

[116] Vgl. Beiersdorf AG [2015], internes Dokument
[117] Vgl. Beiersdorf AG [2015], internes Dokument
[118] ESF Bundesprogramm [2015], S. 60

[119] Vgl. ESF Bundesprogramm [2015], S. 8.
[120] Vgl. Diakonisches Werk Hamburg [2014], S. 19.
[121] Vgl. Beiersdorf AG [2015], internes Dokument

Wird nun ein oder mehrere geeignete Bewerbungsprofile gefunden, schicken die Institutionen diese an die Beiersdorf AG. Anschließend wird mithilfe der Bewerbungsunterlagen geprüft, ob die Bewerberprofile dem Anforderungsprofil entsprechen. [122]

Daran anknüpfend kommt es zu einem Bewerbungsgespräch, deren Verlauf entscheidend für eine Zu- oder Absage des Flüchtlings für das Praktikum steht. Den Entschluss teilt die Beiersdorf AG der Institution, welche den Flüchtling geschickt hat, mit. [123]

Kommt es zu einer Zusage, wird der Arbeitsvertrag durch die jeweilige Einrichtung angefertigt und eine Unterzeichnung mit dem Flüchtling arrangiert. Auch übernehmen die Institutionen die Zustimmungseinholung von der Ausländerbehörde. [124]

6.2 Das Flüchtlingspraktikum

In den kommenden Abschnitten werden die einzelnen Inhalte des Flüchtlingspraktikums bei der Beiersdorf AG vorgestellt. Hierzu werden zunächst die Zielsetzungen des Projektes geschildert. Im Anschluss daran findet eine Erläuterung der Voraussetzungen der Flüchtlinge, des Ablaufes und des Ergebnisses des Praktikums statt.

6.2.1 Zielsetzung

Die Beiersdorf AG in Hamburg stellt sich mit dem Projekt der Flüchtlingshilfe als internationaler Konzern der Verantwortung, eine Position als aktiver Teilnehmer bei dem derzeitigen Flüchtlingsstrom nach Deutschland einzunehmen. [125]

Das Praktikum soll Flüchtlingen einen ersten Schritt in den deutschen Arbeitsmarkt ermöglichen. Dabei können die Flüchtlinge mehr Selbstvertrauen gewinnen, weitere Kenntnisse über die deutsche Rechts- und Gesellschaftsordnung erlernen, sowie wichtige Wissenslücken schließen. [126]

---

[122] Vgl. Beiersdorf AG [2015], internes Dokument
[123] Vgl. Beiersdorf AG [2015], internes Dokument
[124] Vgl. Beiersdorf AG [2015], internes Dokument
[125] Vgl. Beiersdorf AG [2015], internes Dokument
[126] Vgl. Beiersdorf AG [2015], internes Dokument

Zudem kann das Flüchtlingspraktikum ein nötiger Baustein sein, um letzte Qualifizierungen zur Anerkennung einer Qualifikation zu erhalten um damit dann längerfristig in den Arbeitsmarkt starten zu können. [127]

Auf der anderen Seite profitieren auch die Beiersdorf Mitarbeiter. Das Flüchtlingspraktikum kann eine Möglichkeit sein, sich intensiver mit dem Thema auseinanderzusetzen. Die Mitarbeiter lernen weitere internationale Kulturen kennen. Dies kann eine höhere Offenheit und den Abbau eventueller Vorurteile fördern. [128]

6.2.2 Voraussetzung

Es gibt keine vordefinierten Standards bei den Qualifikationen die ein Flüchtling für ein Beiersdorf Praktikum mitbringen muss. Jede Abteilung hat für das Anforderungsprofil benötigte Kenntnisse in Sprachen, EDV und weitere Expertise angegeben. [129]

Daraus ergeben sich je nach Fachbereich und Aufgabengebiet des Flüchtlings eigene Voraussetzungen die erfüllt sein müssen. So ist beispielsweise das nicht beherrschen der deutschen Sprache kein Ausschlusskriterium, es gibt viele Abteilungen in denen generell nur in Englisch kommuniziert wird.

6.2.3 Ablauf

Der Flüchtling bekommt neben einem fachlichen Betreuer aus der Abteilung auch einen Mentor zu Beginn des Praktikums gestellt. Dabei fungiert der Mentor als Vertrauensperson, mit welcher der Flüchtling alle persönlichen Sachverhalte, die er nicht direkt den Betreuer fragen möchte, besprechen kann. Der Mentor arbeitet nicht der der Fachabteilung des Flüchtlings und ist somit unabhängiger in seiner Funktion. [130]

Für die Einarbeitung, die Vergabe von Aufgaben und der Bewertung des Praktikanten ist der Betreuer zuständig. Die jeweiligen Aufgaben werden je nach Auffassungsgabe des Flüchtlings vergeben. Wöchentlich findet ein Meeting zum Austausch des Betreuers mit dem Praktikanten statt. Dabei gibt der Betreuer dem Flüchtling auch Feedback, sowohl was positiv verlaufen ist, als auch Verbesserungsideen. [131]

---

[127] Vgl. Beiersdorf AG [2015], internes Dokument
[128] Vgl. Beiersdorf AG [2015], internes Dokument
[129] Vgl. Beiersdorf AG [2015], internes Dokument
[130] Vgl. Beiersdorf AG [2015], internes Dokument
[131] Vgl. Beiersdorf AG [2015], internes Dokument

Am Ende des Praktikums findet ein Bewertungsgespräch mit dem Flüchtling statt. Daraus wird ein qualifiziertes Arbeitszeugnis erstellt. [132]

6.2.4 Ergebnis

Der Flüchtling erhält ein qualifiziertes Arbeitszeugnis welches für die weitere berufliche Laufbahn entscheidend sein kann. [133]

Mithilfe des Praktikums konnte sich der Flüchtling persönlich und beruflich weiterentwickeln. Das Ziel der Integration in den Arbeitsmarkt ist einen Schritt weiter. [134]

6.3 Zusammenfassung

Die Beiersdorf AG hat sich entschieden, mit weiteren Institutionen die viel Wissen in der Flüchtlingsthematik aufweisen zusammenzuarbeiten. Es gibt im inhaltlichen Kontext des Flüchtlingspraktikums festgelegte Zielsetzungen und ein klares Ergebnis. Jedoch sind keine vorgeschriebenen Anforderungsprofile und ein genereller Ablauf in der Aufgabenverteilung vorgegeben, dies entscheidet individuell der Fachbereich.

---

[132] Vgl. Beiersdorf AG [2015], internes Dokument
[133] Vgl. Beiersdorf AG [2015], internes Dokument
[134] Vgl. Beiersdorf AG [2015], internes Dokument

7 Benchmarking

Immer mehr Unternehmen nutzen Benchmarking um weitere Erfolgspotenziale zu entdecken und entsprechend zu nutzen. Das Benchmarking hilft bei der Generierung neuer Ideen für Verfahren, Methoden, Prozesse und Modelle außerhalb der Unternehmenswelt. Zielsetzung des Benchmarking ist es nicht Unterschiede zu anderen Unternehmen hervorzuheben, sondern „Best Practices" zu identifizieren und dadurch eigene Erkenntnisse zu schaffen. [135]

7.1 Auswahl der Benchmarking-Methode

Das externe Benchmarking, deren Fokus der Vergleich mit anderen Unternehmen ist, wird in die drei Unterformen des Marktbezogenen Benchmarking, des branchenbezogenen Benchmarking und des branchenunabhängigen Benchmarking untergliedert. [136]

Unter dem „Marktbezogenen Benchmarking" versteht man eine Analyse von Produkten, Leistungen, Abläufen und Methoden mit direkten Wettbewerbern im gleichen Marktsegment. [137]

Dahingegen erstreckt sich das „Branchenbezogene Benchmarking" über die direkten Konkurrenten hinaus und sucht nach Trends innerhalb der ganzen Branche. [138]

Als letzteres erweitert das „Branchenunabhängige Benchmarking" nochmals den Erforschungskreis und geht in die Analyse von den Besten aus, die Vergleichsunternehmen können daher auch völlig branchenfremd sein. [139]

Der folgende Vergleich wird basierend auf dem letzten Ansatz des „Branchenunabhängigen Benchmarking" durchgeführt. Es soll ein hohes Potenzial für neue Ideenansätze bieten. Gleichzeitig kann das Ideenspektrum erweitert werden. [140]

---

[135] Vgl. Mertins, K. / Kohl, H. [2009], S. 19-20.
[136] Vgl. Mertins, K. / Kohl, H. [2009], S. 37.
[137] Vgl. Mertins, K. / Kohl, H. [2009], S. 38.
[138] Vgl. Mertins, K. / Kohl, H. [2009], S. 39.
[139] Vgl. Mertins, K. / Kohl, H. [2009], S. 40.
[140] Vgl. Mertins, K. / Kohl, H. [2009], S. 41.

7.2 Definition von Umfang und Inhalt der Studie

Beim durchzuführenden Benchmarking werden folgende Determinanten untersucht:

- Zielsetzung: Welche Ziele sollen mit dem Modell verfolgt werden? Was kann es für den einzelnen Flüchtling bringen Teil dieses Modells zu werden? Wie können die Mitarbeiter vom Modell profitieren? Was verfolgt das Unternehmen mit dem Anbieten des Modells?
- Voraussetzungen: Welche Zielgruppe von Flüchtlingen kommt für eine Teilnahme des Modells in Frage? Müssen bestimmte Qualifikationen vorliegen?
- Dauer: Gibt es einen festgelegten Zeitraum indem das Modell stattfindet?
- Begleitung: Welche externen Partner unterstützen das Projekt? Gibt es interne Vorkehrungen um den Flüchtling während des Modells optimal zu betreuen? Findet eine Sensibilisierung des Themas für die Mitarbeiter statt?
- Recruitment: Wie läuft der Ablauf der Vergabe von Arbeitsplätzen des Modells ab?

7.3 Die Phase der Partnersuche

Mit der Auswahl des Partners für das Benchmarking kann das Verfahren stehen oder fallen. Daher ist es unerlässlich den richtigen Partner zu finden. [141]

Um in diesem Fall das bestmögliche Unternehmen zu finden, gibt es Restriktionen die beachtet werden müssen. So muss das Unternehmen überhaupt erstmal ein Modell für Flüchtlinge anbieten. Des Weiteren sollte das Modell in den Determinanten mit dem Flüchtlingspraktikum der Beiersdorf AG vergleichbar sein. Schlussendlich spielt auch die Größe und Organisationsstruktur des Unternehmens eine entscheidende Rolle, da sich ansonsten eventuell die gewonnenen Best Practices nicht auf die Beiersdorf AG adaptieren lassen könnten.

Mithilfe der sogenannten „Charta der Vielfalt" können Unternehmen mit ähnlichen Modellen gefunden werden. Dabei ist die „Charta der Vielfalt" eine Initiative um Vielfalt in den Unternehmen und Institutionen zu fördern. Unterstützt wird das Ganze durch die Bundeskanzlerin Angela Merkel als Schirmherrin und

---

[141] Vgl. Mertins, K. / Kohl, H. [2009], S. 89.

die Beauftragte der Bundesregierung für Migration, Flüchtlinge und Integration, Aydan Özoğuz. [142]

Die „Charta der Vielfalt" will die Anerkennung, Wertschätzung und Einbeziehung von Vielfalt in der Unternehmenskultur von deutschen Unternehmen voranbringen. In den Unternehmen soll ein Arbeitsumfeld frei von Vorurteilen gegenüber dem Geschlecht, der Religion oder Weltanschauung, der Nationalität, der ethnischen Herkunft, der Behinderung, des Alters, der sexuellen Orientierung sowie der Identität geschaffen werden. [143]

Im Jahr 2006 wurde die „Charta der Vielfalt" durch Daimler, der BP Europa SE, der Deutschen Bank und der Deutschen Telekom gegründet. Es werden unterschiedliche Projekte betreut. Eines dieser Projekte ist die Integration von Flüchtlingen in den Arbeitsmarkt. [144]

Im veröffentlichten Leitfaden werden drei Unternehmen mit entsprechenden Modellen vorgestellt. Konkret sind dies die Siemens AG in Erlangen, die Heizung Klima Sanitär Höber GmbH in Passau und die Reuther STC in Fürstenwalde. [145]

Die Siemens AG in Erlangen mit 342.000 Beschäftigten bietet ein Orientierungspraktikum für Flüchtlinge an. Dies soll den Flüchtlingen als erste berufliche Orientierungshilfe dienen. [146]

Dahingegen bietet die Heizung Klima Sanitär Höber GmbH mit rund 145 Beschäftigten ein einjähriges Praktikum für Flüchtlinge an. Dieses Praktikum soll anschließend in eine Betriebsausbildung für Flüchtlinge münden. [147]

Ebenfalls hat sich auch die Reuther STC mit etwa 300 Beschäftigten auf ein Praktikum für Flüchtlinge festgelegt. Während eines dreimonatigen Intensivpraktikums erlernen die Flüchtlinge das Schweißen. Die Reuther STC benötigt ständig Fachkräfte in diesem Bereich und erhofft einige Flüchtlinge nach dem Praktikum eine Beschäftigung anbieten zu können. [148]

Alle drei Unternehmen bieten wie die Beiersdorf AG ein Praktikum für Flüchtlinge an. Jedoch ist von der Größe und der Organisationstruktur des Unternehmens nur die Siemens AG in Erlangen mit der Beiersdorf AG vergleichbar. Aus

---

[142] Vgl. Charta der Vielfalt e.V. [2011], o.S.
[143] Vgl. Charta der Vielfalt e.V. [2011], o.S.
[144] Vgl. Charta der Vielfalt e.V. [2011], o.S.
[145] Vgl. Charta der Vielfalt e.V. [2011], S. 22-24.
[146] Vgl. Charta der Vielfalt e.V. [2011], S. 22.
[147] Vgl. Charta der Vielfalt e.V. [2011], S. 23.
[148] Vgl. Charta der Vielfalt e.V. [2011], S. 24.

diesem Grund wird die Siemens AG in Erlangen als Vergleich im Benchmarking genutzt.

7.4 Durchführung der Datenerhebung

Die Datenerhebung erfolgte mittels einer von der Siemens AG in Erlangen zur Verfügung gestellten PowerPoint Präsentation (siehe Anhang 13).

Diese enthält die wichtigsten Informationen zum Flüchtlingsprojekt bei der Siemens AG in Erlangen. Im folgenden Kapitel werden die Daten anhand der vorher festgelegten Determinanten ausgewertet.

7.5 Darstellung des Modells der Siemens AG

Das Flüchtlingspraktikum wurde im Februar 2015 bei der Siemens AG in Erlangen initiiert. [149]

Mit dem Anbieten der Flüchtlingspraktika verfolgt die Siemens AG unterschiedliche Zielsetzungen. Für die Flüchtlinge soll das Praktikum eine erste Orientierung auf dem Arbeitsmarkt und eine bessere Selbsteinschätzung hervorbringen. Dabei lernt der Flüchtling die Struktur und Kultur eines großen internationalen Konzerns kennen. Außerdem wird eine gesellschaftliche Teilhabe und Integration gefördert. Es können wichtige fachliche Kompetenzen und Sprachkenntnisse vermittelt werden. [150]

Den Mitarbeitern sollen eine Kultur der Toleranz und Akzeptanz nahegelegt werden. Bewusste und unbewusste Vorurteile sollen abgebaut werden und dafür findet eine Förderung der Empathie und Selbstreflexion statt. Zudem können sich Mitarbeiter bewusster mit dem Thema beschäftigen, was gleichzeitig das Volunteering des Unternehmens steigert. [151]

Die Siemens AG kann die eigenen Corporate Social Responsibility Aktivitäten erweitern. Es findet eine klare Positionierung als Unternehmen zu aktuellen, sozialpolitischen Themen und gesellschaftlicher Verantwortung statt. [152]

Mit dem Praktikum will die Siemens AG qualifizierte Flüchtlinge und Asylbewerber ansprechen, die sich noch im Asylantragsverfahren befinden. Es muss nicht viel Berufserfahrung mitgebracht werden und es wurde eine Altersgruppe

---

[149] Vgl. Siemens AG [2015], internes Dokument
[150] Vgl. Siemens AG [2015], internes Dokument
[151] Vgl. Siemens AG [2015], internes Dokument
[152] Vgl. Siemens AG [2015], internes Dokument

zwischen 20 bis 35 Jahre festgelegt. Zudem soll der Flüchtling über gute Deutsch und/oder Englischkenntnisse verfügen. [153]

Nun wurden schon die Zielsetzungen und -gruppen näher erläutert. Hinsichtlich der Dauer ist ein Zeitraum von zwei Monaten vorgeschrieben. [154]

Die Siemens AG befindet sich in enger Kooperation mit der Stadt Erlangen. Gemeinsam wird das Projekt „Communication for Integration (C4I)" vorangebracht. Ziel ist es unbegründete Gerüchte und Missverständnisse über Flüchtlinge, Asylbewerber und Migranten zu widerlegen. [155]

Um diese Zielsetzung zu erreichen, gibt es regelmäßige Newsletter in der Region Erlangen und eine Flix Comic Ausstellung „Come as you are and leave different". Auch die Siemens AG verschickt Newsletter an die Mitarbeiter. Es werden außerdem Workshops für die Teams die einen Flüchtling in der Abteilung haben, angeboten.

Des Weiteren bekommt der Flüchtling anlog wie bei der Beiersdorf AG einen Betreuer in der Abteilung und einen Mentor in Form eines sogenannten Buddy. [156]

Das Recruitment hat Kontakt zur örtlichen Ausländerbehörde, Flüchtlingsberatungsstellen und Agentur für Arbeit. Die Berater/innen dort haben den besten Überblick in die Lebensläufe und beruflichen Hintergründe der Flüchtlinge und suchen geeignete Bewerbungsprofile aus. Diese werden dann direkt an die Siemens AG verschickt. Anschließend führt das Recruitment ein Matching durch und sucht nach einer geeigneten Fachabteilung für den Flüchtling.

7.6 Definition der Best Practices

Das vorgestellte Modell der Siemens AG in Erlangen zeigte auf das es eine enge Kooperation zwischen der Stadt und dem Unternehmen gibt. Es wurden Konzepte geschaffen, die sowohl die dort lebenden Menschen optimal vorbereiten, als auch die Flüchtlinge die von einer schnellen Integration auf unterschiedlichen Ebenen wie etwa gesellschaftlich und wirtschaftlich davon profitieren können.

Die Stadt Erlangen zeigt hinsichtlich der Arbeitsintegration für Flüchtlinge großes Engagement und geht selber aktiv auf die Unternehmen zu. Dabei profitieren die

---

[153] Vgl. Siemens AG [2015], internes Dokument
[154] Vgl. Siemens AG [2015], internes Dokument
[155] Vgl. Siemens AG [2015], internes Dokument
[156] Vgl. Siemens AG [2015], internes Dokument

Unternehmen von den Hilfeleistungen, die Unsicherheiten minimieren und einen optimalen Austausch zu den Behörden und Kammern ermöglichen.

Wiederrum hat auch die Siemens AG viele interne Möglichkeiten zur Begleitung des Praktikums geschaffen. Der Teamworkshop ist eine sehr gute Maßnahme um die Mitarbeiter im Thema Flüchtlinge abzuholen und vermittelt die Besonderheiten im Umgang mit dem neuen Praktikanten.

7.7 Zusammenfassung

Es konnte ein idealer Benchmarking Partner in Form der Siemens AG in Erlangen gefunden werden. Das dortige Flüchtlingspraktikum ähnelt in vielen Aspekten dem von der Beiersdorf AG beispielsweise verfolgen beide Unternehmen ähnliche Zielsetzungen und haben gute Begleitungsmöglichkeiten geschaffen.

Es gibt aber auch Unterschiede etwa in der Zielgruppe und den Voraussetzungen Diese sind bei der Beiersdorf AG nicht so eng festgelegt, um möglichst viele Flüchtlinge mit dem Praktikum erreichen zu können. Auch ist eine Dauer des Praktikums zwischen drei bis zwölf Monaten möglich, bei der Siemens AG ist es zurzeit auf zwei Monate ausgerichtet.

Die Best Practices zeigten auf, dass es noch Verbesserungspotenziale für die Beiersdorf AG in den Bereichen der Begleitung und der Kooperationen für das Flüchtlingspraktikum gibt.

8 Zielszenario der Integration von Flüchtlingen aus dem Arbeitsmarkt

Die Entwicklung einer integrativen Integrationspolitik ist die bestmöglich zu erreichende Zielsetzung. Dies kann durch hinreichende Änderungen umgesetzt werden.

Aufgrund der zu wenigen Unterkünfte haben viele Einrichtungen derzeit einen Aufnahmestopp. Die neu ankommenden Flüchtlinge müssen täglich vor den Unterkünften darauf warten aufgenommen zu werden. Dürfen die Flüchtlinge dann endlich in eine der Unterkünfte einziehen, sind die dortigen Zustände katastrophal. Es befinden sich zu viele Menschen auf zu engem Raum. Dies ist eine weitere psychische Belastung, nach den traumatischen Erlebnissen die viele Flüchtlinge in den Herkunftsländern und während der Flucht erleben mussten.

Endlich ist der Zeitpunkt gekommen wo Asylanträge gestellt werden können, doch aktuell sind beim Bundesamt für Migration und Flüchtlinge 364.700 Anträge offen. [157] Deutschland ist mit dieser hohen Anzahl Spitzenreiter im europäischen Vergleich. Es ist von einer langen Wartefrist bis zur Bearbeitung auszugehen. Während dieser Zeit können die Flüchtlinge nur wenig machen und verfallen von anfangs hoher Motivation und Tatendrang in Unsicherheit und Angst über die Zukunft.

Um die deutsche Sprache zu erlernen werden Kurse angeboten. Doch auch hier fehlt wie parallel bei dem Bundesamt für Migration und Flüchtlinge dringend mehr Personal. Es gibt zu wenig Sprachkurse um die Nachfrage zu decken. Die Sprachkurse werden auch nur für Asylbewerber mit hoher Bleibeperspektive, Flüchtlinge mit einer Duldung und anerkannte Flüchtlinge mit einer Aufenthaltserlaubnis vergeben. [158] Ein Großteil der Asylbewerber stammt aber beispielsweise aus Afghanistan, die eine Bleibeperspektive von unter 50 Prozent haben und aufgrund dessen nicht an den Sprachkursen teilnehmen dürfen. [159]

Neben der Notwendigkeit des Erlernens der deutschen Sprache gibt es keine zentrale Stelle für ein schnelles Feststellen der schulischen und beruflichen Qualifikationen. Je länger die Flüchtlinge daher in Arbeitslosigkeit verharren, rücken die Qualifikationen in die Vergangenheit. Nicht selten werden die Flüchtlinge daher später in unterqualifizierteren Beschäftigungen eingestellt oder bleiben arbeitslos.

---

[157] Vgl. Reuters Deutschland [2015], o.S.
[158] Vgl. Bundesamt für Migration und Flüchtlinge [2015], S. 1.
[159] Vgl. Süddeutsche Zeitung [2015], o.S.

Jahrelang leben die Flüchtlinge weiter in den Aufnahmeeinrichtungen und können nicht in eine private Wohnung ziehen. Nicht selten befinden sich die Sammelunterkünfte in Randregionen. Die Integration in die Gesellschaft wird immer schwieriger, da der Abstand sich vergrößert.

Aus den erläuterten Tatbeständen ergeben sich folgende Lösungsvorschläge:

- Dringende Personalaufstockung beim Bundesamt für Migration und Flüchtlinge sowie den Sprachkursen
- Schnelleres Asylverfahren mit einer Entscheidung innerhalb von sechs Wochen
- Abschaffung der Widerrufsprüfungen nach drei Jahren
- Angebot der Sprachkurse für alle Flüchtlinge
- Schnellere Aufnahme und Anerkennung der schulischen und beruflichen Qualifikationen der Flüchtlinge
- Verringerung der Frist des Zugangs zum Arbeitsmarkt auf einen Monat
- Wegfall der Vorrangprüfung
- Schnellere Möglichkeiten in private Wohnungen umzuziehen
- Stärkere Zusammenarbeit der Ämter, Kammern und Wirtschaft zur Bildung eines intakten Netzwerkes

9 Fazit & Ausblick

Der theoretische Teil der Bachelorthesis vermittelte neben den wichtigen Grundlagen auch essentiell notwendig zu wissende Fakten des Zugangs zum Arbeitsmarkt für die Flüchtlinge.

In den folgenden praktischen Kapiteln wurde das Modell der Beiersdorf AG präsentiert, sowie mit der Siemens AG in Erlangen verglichen. Resultat sind mögliche Weiterentwicklungen mit Handlungsempfehlungen für die Zukunft.

Für die Standardisierung des Modelles ist ein Wegweiser für Unternehmen entstanden (siehe Anhang 8). Wichtig hierbei ist die Berücksichtigung dass bei dem Wegweiser davon auszugehen ist, dass das Unternehmen sich Unterstützung bei den Bleiberechtsnetzwerken, der Fachstelle für Anerkennung oder der Bundesagentur für Arbeit holt. Aufgrund der vielen bürokratischen Vorgaben und der schwierigen Suche nach geeigneten Bewerbungsprofilen ist dieser Weg zu empfehlen. Sollte ein Unternehmen trotzdem den Wunsch auf komplette Unabhängigkeit legen, muss mindestens eine Mitarbeiterin für das Flüchtlingsthema vom zeitlichen Aufwand her einkalkuliert werden.

Die beiden verlaufenden Flüchtlingspraktika bei der Beiersdorf AG waren profitabel für beide Seiten. Eines der Praktika wurde nochmals verlängert aufgrund der positiven Resonanz.

Im Jahr 2016 sind weitere Praktikanten in Planung. Allein zum jetzigen Stand Januar 2016 stehen vier weitere Flüchtlinge für ein Praktikum fest.

Die Stadt Hamburg stellt sich ebenfalls der Verantwortung der Flüchtlingsthematik. Es werden neue Projekte wie das W.I.R Programm in diesem Jahr starten. Daneben setzt sich Hamburg das Ziel stärker die institutionellen Akteure mit den ehrenamtlichen Bürgern/innen und den Institutionen zusammenzuführen. [160]

In den kommenden Monaten wird sich zeigen, wie die weitere Entwicklung des Flüchtlingsstroms nach Deutschland abläuft. Die Bundesregierung überlegt aktuell die Länder Algerien und Marokko zu sicheren Herkunftsländern zu bestimmen. Flüchtlinge aus den genannten Herkunftsländern sollen ein Schnellverfahren im Asyl durchlaufen um schneller wieder abgeschoben werden zu können. [161]

---

[160] Vgl. Behörde für Arbeit, Soziales, Familie und Integration [2015], S. 7 ff.
[161] Vgl. Handelsblatt [2015], o.S.

Ebenfalls lässt sich erwünschen, dass rasch eine Entscheidung für die Bewältigung der offenen Asylanträge gefunden wird. Nur durch eine schnelle und korrekte Abwicklung kann eine Integration der Menschen stattfinden.

Schlussendlich ist abzuwarten ob weitere Auflockerungen zum Zugang des Arbeitsmarktes für Flüchtlinge geschaffen werden, um das größtmögliche Potenzial für Deutschland nutzen zu können.

Literaturverzeichnis

Anerkennung in Deutschland [2014]: Anerkennung Ihres Berufsabschlusses in Deutschland, verfügbar unter: https://www.anerkennung-in-deutschland.de/media/online_140710_DE_AiD_Flyer_310x230_gp.pdf (19.01.2016)

Ausländer-Statistik [2015]: Flüchtlinge, verfügbar unter: http://www.auslaender-statistik.de/fluechtl.htm (18.01.2016)

Behörde für Arbeit, Soziales, Familie und Integration / Jobcenter team.arbeit.hamburg / Agentur für Arbeit Hamburg [2015]: Potentiale erkennen, Wege in den Beruf ebnen - Schritt für Schritt, verfügbar unter: http://www.hamburg.de/contentblob/4645208/data/tn-flyer-deutsch.pdf (19.01.2016)

Behörde für Arbeit, Soziales, Familie und Integration [2015]: Arbeitsmarktzugang von Asylbewerbern (Aufenthaltsgestattung) und Geduldeten (Duldung) aus sonstigen Herkunftsstaaten, verfügbar unter: http://www.hamburg.de/contentblob/4656604/data/ws-kurz-arbeit.pdf (19.01.2016)

Behörde für Arbeit, Soziales, Familie und Integration [2015]: Forum Flüchtlingshilfe, verfügbar unter: http://www.hamburg.de/contentblob/4656612/data/praes-forum-sv.pdf (19.01.2016)

Beiersdorf AG [2015]: Beiersdorf weiter auf Erfolgskurs, verfügbar unter: http://www.beiersdorf.de/presse/news/alle-news/2015/02/2015-02-13-pm-beiersdorf-weiter-auf-erfolgskurs (19.01.2016)

Beiersdorf AG [2015]: Ein globales Geschäft mit lokaler Ausrichtung, verfügbar unter: http://www.beiersdorf.de/ueber-uns/beiersdorf-global (19.01.2016)

Beiersdorf AG [2015]: Gründungsgeschichte, verfügbar unter: http://www.beiersdorf.de/ueber-uns/unsere-geschichte/gruendungsgeschichte (19.01.2016)

Beiersdorf AG [2015]: Nah am Verbraucher, verfügbar unter: http://www.beiersdorf.de/marken/ueberblick (19.01.2016)

Beiersdorf AG [2015]: Vorstand, verfügbar unter: http://www.beiersdorf.de/ueber-uns/unser-profil/vorstand (19.01.2016)

Beiersdorf AG [2015]: We are Skin Care, verfügbar unter: http://www.beiersdorf.de/ueber-uns/ueberblick (19.01.2016)

Bundesagentur für Arbeit [2015]: Beschäftigung ausländischer Arbeitnehmerinnen und Arbeitnehmer in Deutschland. Fragen, Antworten sowie Tipps für Arbeitnehmer und Arbeitgeber, verfügbar unter: https://www.arbeitsagentur.de/web/wcm/idc/groups/public/documents/webdatei/mdaw/mdk1/~edisp/l6019022dstbai377667.pdf?_ba.sid=L6019022DSTBAI377670 (19.01.2016)

Bundesagentur für Arbeit [2015]: Der Arbeits- und Ausbildungsmarkt in Deutschland - Monatsbericht Dezember 2015, verfügbar in: http://statistik.arbeitsagentur.de/Statischer-Content/Arbeitsmarktberichte/Monatsbericht-Arbeits-Ausbildungsmarkt-Deutschland/Monatsberichte/Generische-Publikationen/Monatsbericht-201512.pdf (18.01.2016)

Bundesagentur für Arbeit [2015]: Der Arbeitsmarkt in Deutschland - Fachkräfteengpassanalyse, verfügbar unter: https://www.statistik.arbeitsagentur.de/Statischer-Content/Arbeitsmarktberichte/Fachkraeftebedarf-Stellen/Fachkraefte/BA-FK-Engpassanalyse-2015-06.pdf (18.01.2016)

Bundesagentur für Arbeit [2015]: Hintergrund. Auswirkungen der Migration auf den deutschen Arbeitsmarkt, verfügbar unter: http://statistik.arbeitsagentur.de/Statischer-Content/Statistische-Analysen/Statistische-Sonderberichte/Generische-Publikationen/Auswirkungen-der-Migration-auf-den-Arbeitsmarkt.pdf (18.01.2016)

Bundesagentur für Arbeit [2015]: Jeder Mensch hat Potenzial - Arbeitsmarktintegration von Asylbewerbern und Asylbewerberinnen, verfügbar unter: https://www.arbeitsagentur.de/web/wcm/idc/groups/public/documents/webdatei/mdaw/mjy5/~edisp/l6019022dstbai752888.pdf (18.01.2016)

Bundesagentur für Arbeit [2015]: Positivliste, verfügbar unter: https://www.arbeitsagentur.de/web/wcm/idc/groups/public/documents/webdatei/mdaw/mta4/~edisp/l6019022dstbai447048.pdf (19.01.2016)

Bundesagentur für Migration und Flüchtlinge [2015]: Blaue Karte EU, verfügbar unter: http://www.bamf.de/DE/Migration/Arbeiten/BuergerDrittstaat/BlaueKarte/blaue-karte-node.html (19.01.2016)

Bundesagentur für Migration und Flüchtlinge [2015]: FAQ Blauen Karte EU, verfügbar unter: http://www.bamf.de/DE/Infothek/FragenAntworten/BlaueKarteEU/blaue-karte-eu-node.html;jsessionid=0D08BD7AC1E7458F6A0CD14D3FC0D946.1_cid368 (19.01.2016)

Bundesamt für Migration und Flüchtlinge [2015]: Abschiebungsverbote, verfügbar unter: http://www.bamf.de/DE/Migration/AsylFluechtlinge/Abschiebungsverbote/abschiebungsverbote-node.html (18.01.2016)

Bundesamt für Migration und Flüchtlinge [2015]: Aktuelle Zahlen zu Asyl, verfügbar unter: http://www.bamf.de/SharedDocs/Anlagen/DE/Downloads/Infothek/Statistik/Asyl/statistik-anlage-teil-4-aktuelle-zahlen-zu-asyl.pdf?__blob=publicationFile (22.12.2015)

Bundesamt für Migration und Flüchtlinge [2015]: Dublin - Verfahren, verfügbar unter: http://www.bamf.de/DE/Migration/AsylFluechtlinge/Asylverfahren/Dublinverfahren/dublinverfahren-node.html (18.01.2016)

Bundesamt für Migration und Flüchtlinge [2015]: Merkblatt zum Integrationskurs, verfügbar unter: https://www.bamf.de/SharedDocs/Anlagen/DE/Downloads/Infothek/Integrationskurse/Kursteilnehmer/Merkblaetter/630-121_merkblatt-%C3%96ffnung-Integrationskurse.pdf?__blob=publicationFile (19.01.2016)

Bundesamt für Migration und Flüchtlinge [2015]: Subsidiärer Schutz, verfügbar unter: http://www.bamf.de/DE/Migration/AsylFluechtlinge/Subsidiaer/subsidiaer-node.html (18.01.2016)

Bundesgesetzblatt [2014]: Gesetz zur Verbesserung der Rechtsstellung von asylsuchenden und geduldeten Ausländern, verfügbar unter: http://www.bgbl.de/xaver/bgbl/start.xav?startbk=Bundesanzeiger_BGBl&jumpTo=bgbl114s2439.pdf#__bgbl__%2F%2F*%5B%40attr_id%3D%27bgbl114s2439.pdf%27%5D__1453191395163 (19.01.2016)

Bundesgesetzblatt [2015]: Asylverfahrensbeschleunigungsgesetz (vom 20. Oktober 2015), verfügbar unter: http://www.bgbl.de/xaver/bgbl/start.xav#__bgbl__%2F%2F*%5B%40attr_id%3D%27bgbl115s1722.pdf%27%5D__1453138266226 (Stand 18.01.2016)

Bundesministerium für Arbeit und Soziales [2013]: Ein Leitfaden zu Arbeitsmarktzugang und -förderung. Flüchtlinge. Kundinnen und Kunden der Arbeitsagenturen und JobCenter, verfügbar unter: http://azf2.de/wp-content/uploads/2013/06/Broschuere-fuer-Arbeitsbehoerden_Niedersachsen.pdf (19.01.2016)

Cassens, I. / Luy, M. / Scholz, R. [2009]: Die Bevölkerung in Ost- und Westdeutschland: Demografische, gesellschaftliche und wirtschaftliche Entwicklungen seit der Wende, 1. Auflage, VS Verlag für Sozialwissenschaften, 2009

Charta der Vielfalt e.V. [2011]: Über die Charta, verfügbar unter: http://www.charta-der-vielfalt.de/charta-der-vielfalt/ueber-die-charta.html (19.01.2016)

Charta der Vielfalt e.V. [2015]: Flüchtlinge in den Arbeitsmarkt. Praxis-Leitfaden für Unternehmen, verfügbar unter: http://www.charta-der-vielfalt.de/fileadmin/user_upload/beispieldateien/Bilddateien/Publikationen/Fl%C3%BCchtlinge_in_den_Arbeitsmarkt_-_Charta_der_Vielfalt_2015.pdf (19.01.2016)

Diakonisches Werk Hamburg [2014]: Leitfaden zur Anerkennung ausländischer Berufs- und Bildungsabschlüsse in Hamburg, verfügbar unter: http://www.diakonie-hamburg.de/export/sites/default/.content/downloads/Fachbereiche/ME/zaa/Leitfaden_Auflage7_Online.pdf (19.01.2016)

Die Bundesregierung [2015]: Asyl- und Flüchtlingspolitik. Erleichterungen für Asylbewerber, verfügbar unter: https://www.bundesregierung.de/Content/DE/Artikel/2014/10/2014-10-29-verbesserungen-fuer-asylbewerber-beschlossen.html (19.01.2016)

Die Bundesregierung [2015]: Integration. Bleiberecht nach acht Jahren Aufenthalt, verfügbar unter: http://www.bundesregierung.de/Content/DE/Artikel/2014/12/2014-12-03-reform-bleiberecht.html (18.01.2016)

Die Welt [2015]: Merkel: Integration hat „allerhöchste Priorität". Flüchtlinge müssen Deutsch lernen, Parallelgesellschaften sollen nicht geduldet werden. Weiterhin kommen Tausende nach München, in: Die Welt, vom 10.09.2015, o.S.

ESF Bundesprogramm [2015]: Flüchtlinge in Arbeit und Ausbildung. Potenziale für Wirtschaft und Gesellschaft, verfügbar unter: http://www.frsh.de/fileadmin/pdf/Material-Publikationen/Bilanzpapier_Bleiberechtsnetzwerke_20150521.pdf (19.01.2016)

Flüchtlingsrat Niedersachsen [2015]: 17.1 Aufenthaltsrechtliche Situation, verfügbar unter: http://www.nds-fluerat.org/leitfaden/14-fluechtlinge-mit-duldung/121-aufenthaltsrechtliche-situation/ (18.01.2016)

Flüchtlingsrat Niedersachsen [2015]: 17.2 Wohnen, Umziehen und Residenzpflicht, verfügbar unter: http://www.nds-fluerat.org/leitfaden/14-fluecht-linge-mit-duldung/122-wohnen-umziehen-und-residenzpflicht/ (19.01.2016)

Genfer Flüchtlingskonvention [1951]: Abkommen über die Rechtsstellung der Flüchtlinge vom 28. Juli 1951 (In Kraft getreten am 22. April 1954). Protokoll über die Rechtsstellung der Flüchtlinge vom 31. Januar 1967 (In Kraft getreten am 4. Oktober 1967), verfügbar unter: http://www.un-hcr.de/no_cache/mandat/genfer-fluechtlingskonven-tion.html?cid=1790&did=7631&sechash=395ee350 (18.01.2016)

Handelsblatt [2015]: Algerien und Marokko sichere Herkunftsstaaten, verfügbar unter: http://www.handelsblatt.com/politik/deutschland/fluechtlings-krise-algerien-und-marokko-sichere-herkunftsstaaten/12842632-2.html (19.01.2016)

Heckmann, F. [2015]: Integration von Migranten. Einwanderung und neue Nationenbildung, Springer VS, 2015

Informations- und Dokumentationszentrum für Antirassismusarbeit e.V. [2002]: Was heißt eigentlich Integration, verfügbar unter: http://www.idaev.de/cms/upload/PDF/Publikationen/IDA_Flyer__Integra-tion.pdf (18.01.2016)

Institut für Arbeitsmarkt- und Berufsforschung [2015]: Abschlussbericht Modellprojekt Early Intervention - Frühzeitige Arbeitsmarktintegration von Asylbewerbern und Asylbewerberinnen, verfügbar unter: http://doku.iab.de/forschungsbericht/2015/fb1015.pdf (18.01.2016)

Jedicke, H. [2015]: Behörden fehlt der Überblick. Flüchtlingszüge leeren sich auf ihrer Fahrt durch Deutschland, verfügbar unter: http://www.focus.de/politik/deutschland/chaos-bei-der-fluechtlings-regist-rierung-chaos-bei-registrierung-fluechtlingszuege-leeren-sich-auf-fahrt-durch-deutschland_id_5052512.html (18.01.2016)

Mertins, K. / Kohl, H. [2009]: Benchmarking: Leitfaden für den Vergleich mit den Besten, 2. Auflage, Symposion Publishing GmbH, 2009

Monath, S. [2015]: Asyl in Deutschland. 163.000 Flüchtlinge im September, 290.000 nicht registriert, verfügbar unter: http://www.tagesspiegel.de/politik/asyl-in-deutschland-163-000-fluechtlinge-im-september-290-000-nicht-registriert/12391766.html (18.01.2016)

Netzwerk Integration durch Qualifizierung [2015]: Akteure im Anerkennungsverfahren, verfügbar unter: http://www.netzwerk-iq.de/anerkennung/inhalt/akteure-im-anerkennungsverfahren.html (19.01.2016)

Netzwerk Integration durch Qualifizierung [2015]: Anerkennungsverfahren, verfügbar unter: http://www.netzwerk-iq.de/angebote/eingewanderte/inhalt/anerkennungsverfahren.html (19.01.2016)

Netzwerk Integration durch Qualifizierung [2015]: Fact Sheet - Asylsuchende und Flüchtlinge, verfügbar unter: http://www.netzwerk-iq.de/fileadmin/Redaktion/Downloads/IQ_Publikationen/Fact_Sheets/IQ_Fact_Sheet_Fl%C3%BCchtlinge.pdf (19.01.2016)

Netzwerk Integration durch Qualifizierung [2015]: Förderprogramm Integration durch Qualifizierung (IQ), verfügbar unter: http://www.netzwerk-iq.de/foerderprogramm-iq/programmbeschreibung.html (19.01.2016)

Netzwerk Integration durch Qualifizierung [2015]: Landesnetzwerke, verfügbar unter: http://www.netzwerk-iq.de/foerderprogramm-iq/landesnetzwerke.html (19.01.2016)

Pro Asyl [2015]: Asyl von A bis Z, verfügbar unter: http://www.proasyl.de/de/themen/basics/glossar/ (18.01.2016)

Pro Asyl [2015]: Zahlen und Fakten 2014, verfügbar unter: http://www.proasyl.de/de/themen/zahlen-und-fakten/ (18.01.2016)

Reuters Deutschland [2015]: Berg unerledigter Asylanträge wächst auf 364.700, verfügbar unter: http://de.reuters.com/article/domesticNews/id-DEKBN0UK15U20160106 (19.01.2016)

Santel, B. [2007]: Integration und Einwanderung, 1. Auflage, Wochenschau Verlag, 2007

Sauer, K. / Held, J. [2009]: Wege der Integration in heterogenen Gesellschaften. Vergleichende Studien, 1. Auflage, VS Verlag für Sozialwissenschaften, 2009

Statistisches Bundesamt [2014]: Bevölkerung und Erwerbstätigkeit. Bevölkerung mit Migrationshintergrund – Ergebnisse des Mikrozensus –, verfügbar unter: https://www.destatis.de/DE/Publikationen/Thematisch/Bevoelke-rung/MigrationIntegration/Migrationshinter-grund2010220147004.pdf?__blob=publicationFile (18.01.2016)

Süddeutsche Zeitung [2015]: Afghanen sollen vorerst kein Deutsch lernen, ver-fügbar unter: http://www.sueddeutsche.de/politik/sprachkurse-fuer-fluecht-linge-afghanen-sollen-vorerst-kein-deutsch-lernen-1.2723929 (19.01.2016)

Vogler-Ludwig, K. / Düll, N. [2015]: Arbeitsmarkt 2030: Eine strategische Vorschau auf Demographie, Beschäftigung und Bildung in Deutschland, W. Bertelsmann Verlag, 2015

Anhangsverzeichnis

Anhänge

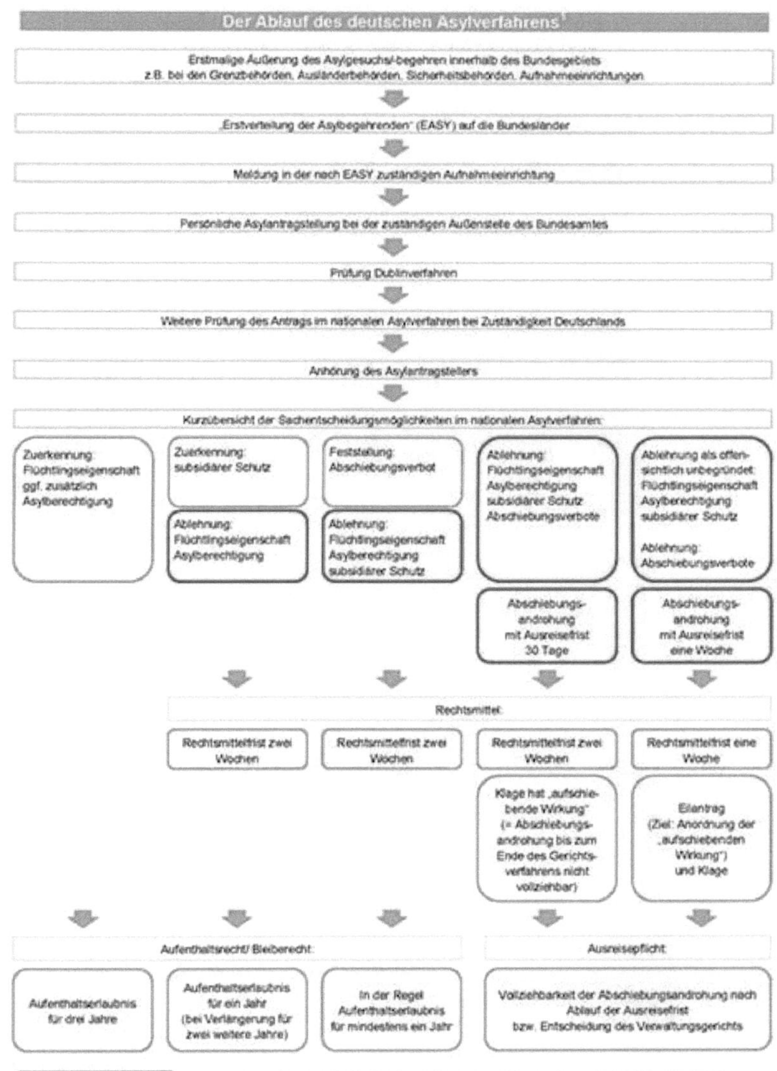

Anhang 1: Asylverfahren

(Quelle: Bundesministerium für Migration und Flüchtlinge [2015], o.S.)

Die Duldung ist kein Aufenthaltstitel, sondern stellt lediglich eine Aussetzung der Abschiebung (z.B. wegen des fehlenden Passes) dar. Die Duldung wird oft über Jahre hinaus immer wieder verlängert, sie kann also ein Dauerzustand sein.

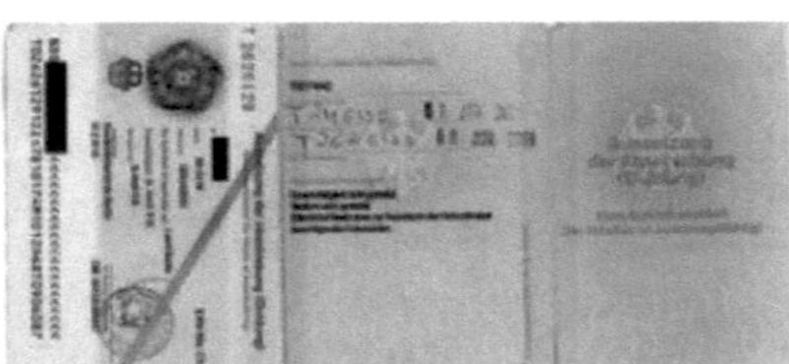

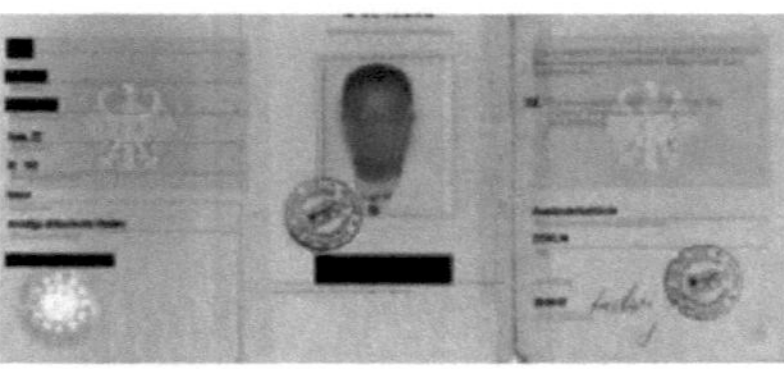

Die Aufenthaltserlaubnis erlaubt den Aufenthalt für einen bestimmten Zweck und für eine bestimmte Zeit. Es gibt verschiedene Arten von Aufenthaltserlaubnissen. In der Aufenthaltserlaubnis ist immer der Paragraph des Aufenthaltsgesetzes (AufenthG) genannt, so dass man den Grund für den Aufenthalt erkennen kann.

Nachweis, dass ein Antrag auf Erteilung oder Verlängerung eines Aufenthaltstitels gestellt wurde und bearbeitet wird. Oft gilt dann die alte Aufenthaltserlaubnis fort.

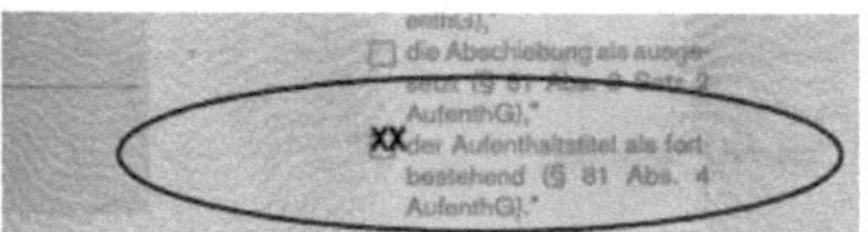

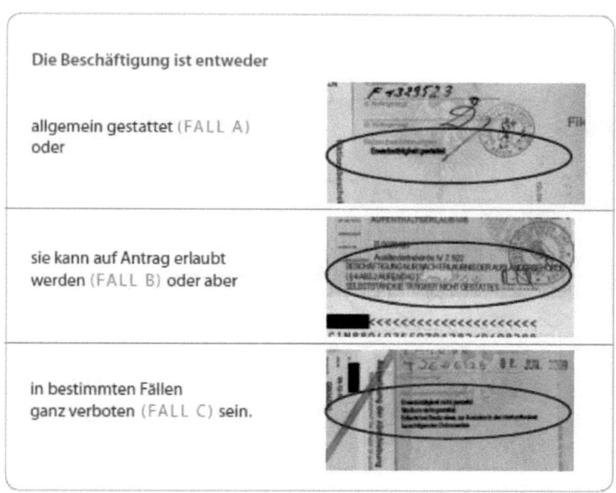

Anhang 2: Aufenthaltspapiere

(Quelle: Bundesministerium für Arbeit und Soziales [2012], S. 8-9)

Anhang 3: Anerkennung von Qualifizierungen

(Quelle: Anerkennung in Deutschland [2014], S.2)

Positivliste

gemäß § 6 Absatz 2 Satz 1 Nr. 2 Beschäftigungsverordnung: Zuwanderung in Ausbildungsberufe

Die Bundesagentur für Arbeit (BA) hat festgestellt, dass für folgende Berufe die Besetzung offener Stellen mit ausländischen Bewerberinnen oder Bewerbern arbeitsmarkt- und integrationspolitisch unter folgenden Voraussetzungen verantwortbar ist:

LISTE DER BERUFE ODER BERUFSGRUPPEN:

Berufsgattung (Klassifikation der Berufe 2010)		Anforderungsniveau
24412	Metallbau *	2 - Fachkraft
24413	Metallbau	3 - Spezialist
24422	Schweiß-, Verbindungstechnik *	2 - Fachkraft
24423	Schweiß-,Verbindungstechnik *	3 - Spezialist
24432	Industrietaucher/innen u.a. *	2 - Fachkraft
24493	Aufsicht - Metallbau und Schweißtechnik *	3 - Spezialist
26112	Berufe in der Mechatronik	2 - Fachkraft
26113	Berufe in der Mechatronik	3 - Spezialist
26122	Berufe in der Automatisierungstechnik	2 - Fachkraft
26123	Berufe in der Automatisierungstechnik	3 - Spezialist
26212	Berufe in der Bauelektrik	2 - Fachkraft
26222	Berufe in der Elektromaschinentechnik	2 - Fachkraft
26252	Berufe in der elektrischen Betriebstechnik	2 - Fachkraft
26262	Berufe Leitungsinstallation,-wartung	2 - Fachkraft
26303	Berufe in der Elektrotechnik (ohne Spezialisierung)	3 - Spezialist
26393	Aufsicht - Elektrotechnik	3 - Spezialist
32103	Hochbau (o.S.) *	3 - Spezialist
32113	Beton- und Stahlbetonbau *	3 - Spezialist
32123	Maurerhandwerk *	3 - Spezialist
32193	Aufsicht – Hochbau *	3 - Spezialist
34202	Berufe in der Klempnerei (ohne Spezialisierung)	2 - Fachkraft
34212	Berufe Sanitär-, Heizungs-, Klimatechnik	2 - Fachkraft
34213	Berufe Sanitär-, Heizungs-, Klimatechnik	3 - Spezialist
34232	Berufe in der Kältetechnik	2 - Fachkraft
34293	Aufsichtskräfte - Klempnerei, Sanitär, Heizung, Klima	3 - Spezialist
43413	Softwareentwicklung *	3 - Spezialist

43423	Programmierung	3 - Spezialist
51113	Berufe im technischen Eisenbahnbetrieb	3 - Spezialist
51222	Berufe in der Überwachung und Wartung der Eisenbahninfrastruktur	2 - Fachkraft
51522	Berufe Überwachung des Eisenbahnverkehrsbetriebs	2 - Fachkraft
52202	Triebfahrzeugführer Eisenbahnverkehr	2 - Fachkraft
81302	Berufe Gesundheits-, Krankenpflege (ohne Spezialisierung)	2 - Fachkraft
81313	Berufe in der Fachkrankenpflege	3 - Spezialist
81332	Berufe operations-/med.-techn. Assistenz	2 - Fachkraft
82102 / 82182	Berufe in der Altenpflege	2 - Fachkraft
82183	Berufe in der Altenpflege	3 - Spezialist
82512	Berufe in der Orthopädie-, Rehatechnik	2 - Fachkraft
82532	Berufe in der Hörgeräteakustik	2 - Fachkraft
82513	Berufe in der Orthopädie-, Rehatechnik	3 - Spezialist
82593	Meister Orthopädie, Rehatechnik und Hörgeräteakustik*	3 - Spezialist

*ausgenommen sind Medizintechnik, Zahntechnik und Augenoptik

Eine Übersicht über Ausbildungsberufe und einzelne Tätigkeiten finden Sie in der Anlage 1.

Die Besetzung einer offenen Stelle mit ausländischen Bewerberinnen oder Bewerbern ist in diesen Berufen dann verantwortbar, wenn die Stelle der Öffentlichkeit durch eine öffentliche Ausschreibung transparent gemacht worden ist. Daher ist Voraussetzung der Arbeitsmarktzulassung, dass zum Zeitpunkt der Zustimmung der BA die offene Stelle in der Jobbörse der BA veröffentlicht ist.

Informationen über die Veröffentlichung von Stellen in der Jobbörse befinden sich im Internet auf der Startseite unter www.arbeitsagentur.de oder hier: www.arbeitsagentur.de/Jobboerse

Erläuterungen:

▌ Zur Positivliste:
Eine Grundlage für die Auswahl der Berufe in der Positivliste bildet die Fachkräfteengpassanalyse der Bundesagentur für Arbeit, die im Internet unter dem nachfolgenden Pfad veröffentlicht ist: www.arbeitsagentur.de > Arbeitsmarktberichte > Fachkräftebedarf und Stellen > Aktuelle Fachkräfteengpassanalyse

Die Engpassanalyse erfolgt unter dem Fokus bundesweiter Engpässe, ergänzt um eine regionale Betrachtung auf Ebene der Bundesländer. Diese Berufsgattungen sind mit einem * gekennzeichnet.

Für die Positivliste nach § 6 Abs. 2 Satz 1 Nr. 2 Beschäftigungsverordnung wurden aus der Fachkräfteengpassanalyse solche Berufe ausgewählt, für die nicht bereits andere Möglichkeiten des Arbeitsmarktzugangs bestehen, z.B. die Blaue Karte EU für Akademiker.

Die neu aufgenommenen Berufsgattungen sind unterstrichen.

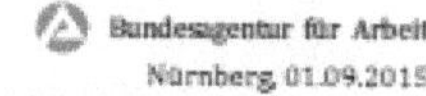

In der nachfolgenden Liste sind als Erläuterung zur Positivliste einzelne Ausbildungsberufe und Tätigkeiten dargestellt. Die Berufsbezeichnungen stammen aus der Datenbank BERUFENET der Bundesagentur für Arbeit.

Informationen zu den einzelnen Berufen können unter www.berufenet.arbeitsagentur.de abgerufen werden.

BKZ	Berufsbezeichnung	Berufskundliche Gruppe
24412	Fachkraft für Metalltechnik - Konstruktionstechnik	Ausbildungsberufe - Dual
24412	Fachpraktiker/in für Konstruktionsmechanik	Ausbildungsberufe - Reha
24412	Fachpraktiker/in für Metallbau	Ausbildungsberufe - Reha
24412	Konstruktionsmechaniker/in	Ausbildungsberufe - Dual
24412	Metallbauer/in	Ausbildungsberufe - Dual
24412	Metallbauer/in - Konstruktionstechnik	Ausbildungsberufe - Dual
24412	Metallbauer/in - Metallgestaltung	Ausbildungsberufe - Dual
24413	Restaurator/in - Metallbauerhandwerk	Weiterbildungsberufe - Weitere
24413	Techniker/in - Metallbautechnik	Weiterbildungsberufe - Techniker
24413	Techniker/in - Metallbautechnik (Gebäudetechnik)	Weiterbildungsberufe - Techniker
24413	Techniker/in - Metallbautechnik (Leichtmetallbau)	Weiterbildungsberufe - Techniker
24413	Techniker/in - Metallbautechnik (ohne Schwerpunkt)	Weiterbildungsberufe - Techniker
24413	Techniker/in - Metallbautechnik (Stahlbau)	Weiterbildungsberufe - Techniker
24422	Autogenschweißer/in	Berufe mit unterschiedlichen Zugängen
24422	Brennschneider/in	Berufe mit unterschiedlichen Zugängen
24422	Elektro- und Schutzgasschweißer/in	Ausbildungsberufe - Reha
24422	Elektroschweißer/in	Berufe mit unterschiedlichen Zugängen
24422	Löter/in	Berufe mit unterschiedlichen Zugängen
24422	Maschinenführer/in - Schweißanlagen	Berufe mit unterschiedlichen Zugängen
24422	Rohrschweißer/in	Berufe mit unterschiedlichen Zugängen
24422	Schweißer/in	Ausbildungsberufe - Sonstige
24422	Schweißer/in - Anlagen- und Apparatebau	Berufe mit unterschiedlichen Zugängen
24422	Schweißer/in - Fahrzeugbau	Berufe mit unterschiedlichen Zugängen
24422	Schweißer/in - Konstruktionstechnik	Berufe mit unterschiedlichen Zugängen
24422	Schweißer/in - Schiffbau	Berufe mit unterschiedlichen Zugängen
24422	Schweißer/in - Zentralheizungs- und Lüftungsbau	Berufe mit unterschiedlichen Zugängen
24422	Schweißwerker/in - Gasschmelzschweißen	Ausbildungsberufe - Reha
24422	Schweißwerker/in - Lichtbogenschweißen	Ausbildungsberufe - Reha

24422	WIG-Schweißer/in	Ausbildungsberufe - Reha
24423	Schweißfachmann/-frau	Weiterbildungsberufe - Weitere
24423	Schweißtechniker/in	Weiterbildungsberufe - Weitere
24432	Taucher/in	Weiterbildungsberufe - Weitere
24432	Unterwasserschweißer/in	Berufe mit unterschiedlichen Zugängen
24493	Metallbauermeister/in	Weiterbildungsberufe - Meister
24493	Schweißwerkmeister/in	Weiterbildungsberufe - Meister
26112	Mechatroniker/in	Ausbildungsberufe - Dual
26112	Techn. Assistent/in - Mechatronik	Ausbildungsberufe - BFS
26113	Fachkraft - mechatronische Systeme	Weiterbildungsberufe - Weitere
26113	Mechatronik (Bachelor)	Studienfächer - grundständig
26113	Techniker/in - Maschinentechnik (Mechatronik)	Weiterbildungsberufe - Techniker
26122	Elektroniker/in - Automatisierungstechnik (Handwerk)	Ausbildungsberufe - Dual
26122	Elektroniker/in - Automatisierungstechnik (Industrie)	Ausbildungsberufe - Dual
26122	Industrietechnologe/-technologin - Automatisierungstechnik	Ausbildungsberufe - Abi
26123	Automatisierungstechnik (Bachelor)	Studienfächer - grundständig
26123	Robotik, Autonome Systeme (Bachelor)	Studienfächer - grundständig
26123	Techniker/in - Elektrotechnik (Automatisierungstechnik)	Weiterbildungsberufe - Techniker
26212	Bauelektriker/in	Berufe mit unterschiedlichen Zugängen
26212	Blitzschutzmonteur/in	Berufe mit unterschiedlichen Zugängen
26212	Elektrofachkraft für festgelegte Tätigkeiten	Weiterbildungsberufe - Weitere
26212	Elektroniker/in - Energie- und Gebäudetechnik	Ausbildungsberufe - Dual
26212	Elektroniker/in - Gebäude- und Infrastruktursysteme	Ausbildungsberufe - Dual
26212	Fachpraktiker/in für Elektroniker (§66 BBiG/§42m HwO)	Ausbildungsberufe - Reha
26222	Elektroniker/in - Maschinen und Antriebstechnik	Ausbildungsberufe - Dual
26252	Elektroniker/in - Betriebstechnik	Ausbildungsberufe - Dual
26252	Elektroniker/in - Betriebstechnik (Schalt- und Steueranl.)	Berufe mit unterschiedlichen Zugängen
26252	Elektroniker/in - Prüffeld	Berufe mit unterschiedlichen Zugängen
26252	Elektroniker/in (Handwerk)	Ausbildungsberufe - Dual
26252	Industrieelektriker/in	Ausbildungsberufe - Dual
26252	Industrieelektriker/in - Betriebstechnik	Ausbildungsberufe - Dual
26262	Elektroanlagenmonteur/in	Ausbildungsberufe - Dual
26262	Kabelmonteur/in (Fern-, Frei- und Fahrleitungsbau)	Berufe mit unterschiedlichen Zugängen
26303	Elektrotechnik (Bachelor)	Studienfächer - grundständig
26303	Projektierungstechniker/in (Elektro)	Berufe mit unterschiedlichen Zugängen
26303	Prozessmanager/in - Elektrotechnik	Weiterbildungsberufe - Weitere

26303	Techniker/in – Elektrotechnik (ohne Schwerpunkt)	Weiterbildungsberufe - Techniker
26393	Elektrotechnikermeister/in	Weiterbildungsberufe - Meister
26393	Industriemeister/in - Elektrotechnik	Weiterbildungsberufe - Meister
26393	Informationstechnikermeister/in	Weiterbildungsberufe - Meister
32103	Techniker/in - Bautechnik (Hochbau)	Weiterbildungsberufe - Techniker
32113	Techniker/in - Bautechnik (Betonbau)	Weiterbildungsberufe - Techniker
32123	Maurer/in - Restaurierungsarbeiten	Weiterbildungsberufe - Weitere
32123	Restaurator/in - Maurerhandwerk	Weiterbildungsberufe - Weitere
32193	Dachdeckermeister/in	Weiterbildungsberufe - Meister
32193	Gerüstbauermeister/in	Weiterbildungsberufe - Meister
32193	Gerüstbau-Kolonnenführer/in	Weiterbildungsberufe - Weitere
32193	Maurer- und Betonbauermeister/in	Weiterbildungsberufe - Meister
32193	Polier/in	Weiterbildungsberufe - Meister
32193	Polier/in - Hochbau	Weiterbildungsberufe - Meister
32193	Werkpolier/in	Weiterbildungsberufe - Weitere
32193	Werkpolier/in - Hochbau	Weiterbildungsberufe - Weitere
34202	Bauklempner/in	Berufe mit unterschiedlichen Zugängen
34202	Isolierklempner/in	Berufe mit unterschiedlichen Zugängen
34202	Klempner/in	Ausbildungsberufe - Dual
34212	Anlagenmechaniker/in - Sanitär-, Heizungs- und Klimatechnik	Ausbildungsberufe - Dual
34212	Fachpraktiker/in für Anlagenmechaniker SHK (§66BBIG/§42m HwO)	Ausbildungsberufe - Reha
34212	Klempner/in und Installateur/in	Berufe mit unterschiedlichen Zugängen
34213	Techniker/in - Heizungs-, Lüftungs-, Klimatechnik	Weiterbildungsberufe - Techniker
34213	Techniker/in - Sanitärtechnik	Weiterbildungsberufe - Techniker
34232	Kühlhauswärter/in	Berufe mit unterschiedlichen Zugängen
34232	Mechatroniker/in - Kältetechnik	Ausbildungsberufe - Dual
34293	Bauleitende/r Monteur/in	Berufe mit unterschiedlichen Zugängen
34293	Betriebsmanager/in - Sanitär- und Heizungstechnik	Weiterbildungsberufe - Betriebsw./Kaufl.
34293	Installateur- und Heizungsbauermeister/in	Weiterbildungsberufe - Meister
34293	Kälteanlagenbauermeister/in	Weiterbildungsberufe - Meister
34293	Klempnermeister/in	Weiterbildungsberufe - Meister
34293	Ofen- und Luftheizungsbauermeister/in	Weiterbildungsberufe - Meister
43413	ERP-Anwendungsentwickler/in	Berufe mit unterschiedlichen Zugängen
43413	IT-Lösungsentwickler/in	Weiterbildungsberufe - Weitere
43413	Softwaretechnik (grundständig)	Studienfächer - grundständig
43413	Systemprogrammierer/in	Berufe mit unterschiedlichen Zugängen

43423	Organisationsprogrammierer/in	Berufe mit unterschiedlichen Zugängen
43423	Programmierer/in	Berufe mit unterschiedlichen Zugängen
51113	Wagenmeister/in (Schienenverkehr)	Berufe mit unterschiedlichen Zugängen
51522	Eisenbahner/in - Betriebsdienst	Ausbildungsberufe - Dual
51522	Eisenbahner/in - Betriebsdienst - Fahrweg	Ausbildungsberufe - Dual
52202	Eisenbahner/in - Betriebsdienst - Lokführer und Transport	Ausbildungsberufe - Dual
81302	Gesundheits- und Kinderkrankenpfleger/in	Ausbildungsberufe - BFS
81302	Gesundheits- und Krankenpfleger/in	Ausbildungsberufe - BFS
81302	Nachtwache - Pflege	Berufe mit unterschiedlichen Zugängen
81313	Fachkrankenschwester/-pfleger	Weiterbildungsberufe - Weitere
81313	Fachkrankenschwester/-pfleger - Intensivpflege/Anästhesie	Weiterbildungsberufe - Weitere
81313	Fachkrankenschwester/-pfleger - Klinische Geriatrie	Weiterbildungsberufe - Weitere
81313	Fachkrankenschwester/-pfleger - Nephrologie	Weiterbildungsberufe - Weitere
81313	Fachkrankenschwester/-pfleger - Onkologie	Weiterbildungsberufe - Weitere
81313	Fachkrankenschwester/-pfleger - Operations-/Endoskopiedienst	Weiterbildungsberufe - Weitere
81313	Fachkrankenschwester/-pfleger - Palliativ- und Hospizpflege	Weiterbildungsberufe - Weitere
81313	Fachkrankenschwester/-pfleger - Psychiatrie	Weiterbildungsberufe - Weitere
81313	Fachkrankenschwester/-pfleger - Rehabilitation/Langzeitpf.	Weiterbildungsberufe - Weitere
81332	Anästhesietechnische/r Assistent/in	Ausbildungsberufe - BFS
81332	Operationstechnische/r Angestellte/r	Ausbildungsberufe - Dual
81332	Operationstechnische/r Assistent/in	Ausbildungsberufe - BFS
82102	Altenpfleger/in	Ausbildungsberufe - BFS
82182	Ambulante/r Pfleger/in	Berufe mit unterschiedlichen Zugängen
82183	Fachaltenpfleger/in – klinische Geriatrie/Rehabilitation	Weiterbildungsberufe - Weitere
82183	Fachaltenpfleger/in – Onkologie	Weiterbildungsberufe - Weitere
82183	Fachaltenpfleger/in – Palliativ- und Hospizpflege	Weiterbildungsberufe - Weitere
82183	Fachaltenpfleger/in – Psychiatrie	Weiterbildungsberufe - Weitere
82512	Ortopädietechnik-Mechaniker/in	Ausbildungsberufe - Dual
82532	Hörgeräteakustiker/in	Ausbildungsberufe - Dual
82513	Orthopädie-, Rehatechnik (Bachelor)	Studienfächer - grundständig
82593	Hörgeräteakustikermeister/in	Weiterbildungsberufe - Meister
82593	Orthopädietechnikermeister/in	Weiterbildungsberufe - Meister

Anhang 4: Positivliste

(Quelle: Bundesagentur für Arbeit [2015], S. 1-7)

Arbeitsmarktzugang von Asylbewerbern (Aufenthaltsgestattung) und Geduldeten (Duldung) aus sonstigen* Herkunftsstaaten

Für Asylbewerber aus sonstigen Herkunftsstaaten mit einer Aufenthaltsgestattung gilt gem. § 61 Abs. 1 und 2 i.V.m. § 47 AsylG ein gesetzliches Arbeitsverbot in den ersten drei Monaten ihres Aufenthalts.

Im Übrigen gilt Folgendes:

Art der Beschäftigung	Dauer des Aufenthalts			
	1.- 3. Monat	4.- 15. Monat	16.- 47. Monat	ab dem 48. Monat
1. Leiharbeit	kann[1] Geduldeten von ABH erlaubt werden in den Fällen der Nr. 6 dieser Übersicht zustimmungspflichtig[2] (§ 32 Abs. 3 i.V.m. Abs. 5 BeschV)	kann[1] von ABH erlaubt werden in den Fällen der Nr. 6 dieser Übersicht zustimmungspflichtig[2] (§ 32 Abs. 3 i.V.m. Abs. 5 BeschV)	kann[1] von ABH erlaubt werden zustimmungspflichtig[2] (§ 32 Abs. 3 i.V.m. Abs. 5 BeschV)	kann[1] von ABH erlaubt werden zustimmungsfrei[3] (§ 32 Abs. 2 Nr. 5 BeschV)
2. Praktikum	kann[1] Geduldeten von ABH erlaubt werden zustimmungsfrei[3] (§ 32 Abs. 2 Nr. 1 BeschV)	kann[1] von ABH erlaubt werden zustimmungsfrei[3] (§ 32 Abs. 2 Nr. 1 BeschV)	kann[1] von ABH erlaubt werden zustimmungsfrei[3] (§ 32 Abs. 2 Nr. 1 BeschV)	kann[1] von ABH erlaubt werden zustimmungsfrei[3] (§ 32 Abs. 2 Nr. 5 BeschV)
3. Berufsausbildung	kann[1] Geduldeten von ABH erlaubt werden zustimmungsfrei[3] (§ 32 Abs. 2 Nr. 2 BeschV)	kann[1] von ABH erlaubt werden zustimmungsfrei[3] (§ 32 Abs. 2 Nr. 2 BeschV)	kann[1] von ABH erlaubt werden zustimmungsfrei[3] (§ 32 Abs. 2 Nr. 2 BeschV)	kann[1] von ABH erlaubt werden zustimmungsfrei[3] (§ 32 Abs. 2 Nr. 5 BeschV)
4. Beschäftigung als • Hochschulabsolvent (Blaue Karte EU) • Führungskraft • Forscher/Wissenschaftler/Entwickler • Freiwilligendienst • Priester, Nonne, Imam etc. • Schul- oder Hochschulpraktikant • Berufssportler • Fotomodell, Werbetyp	kann[1] Geduldeten von ABH erlaubt werden zustimmungsfrei[3] (§ 32 Abs. 2 Nr. 3 BeschV)	kann[1] von ABH erlaubt werden zustimmungsfrei[3] (§ 32 Abs. 2 Nr. 3 BeschV)	kann[1] von ABH erlaubt werden zustimmungsfrei[3] (§ 32 Abs. 2 Nr. 3 BeschV)	kann[1] von ABH erlaubt werden zustimmungsfrei[3] (§ 32 Abs. 2 Nr. 5 BeschV)
5. Beschäftigung im Betrieb des Ehegatten, Lebenspartners oder Verwandten/ Verschwägerten 1. Grades bei häuslicher Gemeinschaft	kann[1] Geduldeten von ABH erlaubt werden zustimmungsfrei[3] (§ 32 Abs. 2 Nr. 4 BeschV)	kann[1] von ABH erlaubt werden zustimmungsfrei[3] (§ 32 Abs. 2 Nr. 4 BeschV)	kann[1] von ABH erlaubt werden zustimmungsfrei[3] (§ 32 Abs. 2 Nr. 4 BeschV)	kann[1] von ABH erlaubt werden zustimmungsfrei[3] (§ 32 Abs. 2 Nr. 5 BeschV)

* Sonstige Herkunftsstaaten sind diejenigen Nicht-EWR-Staaten, die nicht sichere Herkunftsstaaten gem. § 29a AsylG sind, mithin alle Drittstaaten mit Ausnahme von Albanien, Bosnien und Herzegowina, Ghana, Kosovo Mazedonien, Montenegro, Senegal, Serbien

6.	Beschäftigung als • Hochschulabsolvent in Mangelberufen • Absolvent einer qualifizierten deutschen Berufsausbildung • Absolvent einer als gleichwertig anerkannten ausländischen Berufsausbildung in einem von der Bundesagentur für Arbeit nach § 6 Abs. 2 Nr. 2 BeschV festgestellten Mangelberuf • Praktikant, wenn die Beschäftigung Voraussetzung für die Anerkennung einer ausländischen Berufsqualifikation ist ohne Vorrangprüfung aber mit Prüfung der Beschäftigungsbedingungen (nicht zu ungünstigeren Bedingungen als vergleichbare deutsche Arbeitnehmer)	kann[1] Geduldeten von ABH erlaubt werden zustimmungspflichtig[4] (§ 32 Abs. 1i.V.m. Abs. 5 Nr. 1 BeschV)	kann[1] von ABH erlaubt werden zustimmungspflichtig[4] (§ 32 Abs. 1i.V.m. Abs. 5 Nr. 1 BeschV)	kann[1] von ABH erlaubt werden zustimmungspflichtig[4] (§ 32 Abs. 1i.V.m. Abs. 5 Nr. 1 BeschV)	kann[1] von ABH erlaubt werden zustimmungsfrei[3] (§ 32 Abs. 2 Nr. 5 BeschV)
7.	Beschäftigung jeder Art • mit Vorrangprüfung, soweit erforderlich[4] (Deutsche und bevorrechtigte Ausländer haben Vorrang) und • mit Prüfung der Beschäftigungsbedingungen	verboten (§ 32 Abs. 1 BeschV)	kann[1] von ABH erlaubt werden zustimmungspflichtig[2] (§ 32 Abs. 1 i.V.m. BeschV)	kann[1] von ABH erlaubt werden zustimmungspflichtig[2] (§ 32 Abs. 1 BeschV)	kann[1] von ABH erlaubt werden zustimmungsfrei[3] (§ 32 Abs. 2 Nr. 5 BeschV)
8.	Beschäftigung jeder Art • ohne Vorrangprüfung aber • mit Prüfung der Beschäftigungsbedingungen	verboten (§ 32 Abs. 1 BeschV)	verboten (§ 32 Abs. 1 i.V.m. Abs. 5 Nr. 2 BeschV)	kann[1] von ABH erlaubt werden zustimmungspflichtig[2] (§ 32 Abs. 1i.V.m. Abs. 5 Nr. 2 BeschV)	kann[1] von ABH erlaubt werden zustimmungsfrei[3] (§ 32 Abs. 2 Nr. 5 BeschV)
9.	Beschäftigung jeder Art • ohne Vorrangprüfung und • ohne Prüfung der Beschäftigungsbedingungen	nein	nein	nein	kann[1] von ABH erlaubt werden zustimmungsfrei[3] (§ 32 Abs. 2 Nr. 5 BeschV)

[1] Die Ausländerbehörde entscheidet bei Asylbewerbern nach Maßgabe des § 61 Abs. 2 AsylG über die Beschäftigungserlaubnis (Ermessen). Bei Geduldeten entscheidet die Ausländerbehörde nach Maßgabe des § 60a Abs. 6 AufenthG i.V.m. § 1 Abs. 1 Nr. 3 BeschV über die Beschäftigungserlaubnis (Ermessen). Danach darf die Ausübung einer Beschäftigung nicht erlaubt werden, wenn die Einreise erfolgte um Leistungen nach dem AsylbLG in Anspruch zu nehmen oder wenn bei Ausländern aufenthaltsbeendende Maßnahmen aus Gründen nicht vollzogen werden können, die diese selbst zu vertreten haben.

[2] Zustimmungspflichtig bedeutet, dass die Ausländerbehörde die Zustimmung der Bundesagentur für Arbeit einholen muss.

[3] Zustimmungsfrei bedeutet, dass die Ausländerbehörde nicht die Zustimmung der Bundesagentur für Arbeit einholen muss.

[4] Keine Vorrangprüfung ist erforderlich bei den unter 3. aufgeführten Beschäftigungen sowie bei sonstigen Hochschulabsolventen, Leitenden Angestellten und Spezialisten, Ausbildungsberufen (staatliche anerkannte oder vergleichbare Ausbildungsberufe), Absolventen deutscher Auslandsschulen, Praktika zur Anerkennung ausländischer Berufsqualifikationen, Sprachlehrern, Spezialitätenköchen, Au-Pairs, Hausangestellten von Entsandten, Praktikanten und Künstlern.

Eine selbständige Erwerbstätigkeit ist mit Duldung und Aufenthaltsgestattung nicht möglich. Dafür bedarf es eines Aufenthaltstitels mit dem Eintrag „Erwerbstätigkeit erlaubt" oder „Selbständige Tätigkeit als ... erlaubt".

Anhang 5: Arbeitsmodelle

(Quelle: Behörde für Arbeit, Soziales, Familie und Integration [2015], S. 1-2)

Integration von Flüchtlingen in den Arbeitsmarkt
Vorlage: Angebot für Praktikumsplätze der Fachabteilungen

Retour per E-Mail:

ZIEL:	Flüchtlingen einen ersten Schritt in der deutschen Arbeitswelt ermöglichen. Sie können ihr Selbstvertrauen stärken, Lücken erkennen und haben eine Grundlage für den festen Einstieg in einen Job in Deutschland Dieses Praktikum kann ein nötiger Baustein zur Anerkennung ihrer Qualifikation in Deutschland sein. Beiersdorf Mitarbeiter öffnen sich aktiv der Integration von Flüchtlingen. Gewinnen an Offenheit und lernen noch mehr über internationale Kulturen.
Abteilung / Ansprechpartner:	
Dauer des möglichen Praktikums:	4 Wochen / 6 Wochen / 3 Monate / bis zu 6 Monate
Benötigte Kenntnisse: **(Sprachen, Computer, Expertise…)**	
Welches Aufgabengebiet soll der Praktikant bekommen:	
Wann wäre ein Start möglich:	

Anhang 6: Onepager Flüchtlingspraktikum

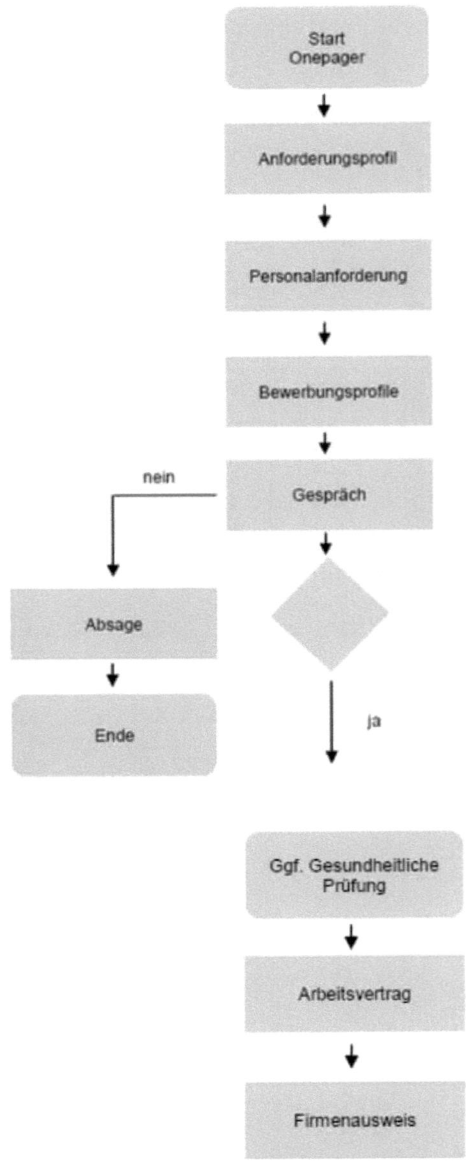

Anhang 7: Stellenbesetzungsverfahren Flüchtlingspraktikum

Checkliste für Unternehmen
zur Integration von Flüchtlingen

☐ Abstimmung mit der Bundesagentur für Arbeit, einem Bleiberechtsnetzwerk oder Zentrale für Anerkennung über eine Zusammenarbeit

⬇

☐ Entscheidung für ein Modell zum Beispiel ein Praktikum für Flüchtlinge

⬇

☐ Erstellung eines Anforderungsprofiles

⬇

☐ Bereitstellung von Arbeitsplätzen in Fachabteilungen

⬇

Checkliste für Unternehmen
zur Integration von Flüchtlingen

☐ Personalanforderung bei der Einrichtung

⬇

☐ Matching gesendeter Bewerberprofile

⬇

☐ Bewerbungsgespräche

⬇

☐ Einstellung des Flüchtlings

Anhang 8: Checkliste